Procura o Caminho

Rohit Mehta

Procura o Caminho

Estudos sobre – *Luz no Caminho*

Editora Teosófica
Brasília - DF

EDITORA TEOSÓFICA,
SGAS - Quadra 603, Conj E, s/nº
70 200 630 - Brasília - DF, Brasil
Tel.: (61) 3322-7843
Fax: (61) 3226-3703
E-mail: editorateosofica@editorateosofica.com.br
Site: www. editorateosofica.com.br

M498

Mehta Rohit (1908–1995)

Procura o Caminho / Rohit Mehta:

Tradução: Teósofos de São Paulo

Tradução de: Seek out the way

ISBN: 978857922054-8

1. Filosofia Oriental
I. Título

CDD 180

Revisão conforme a Nova Ortografia: Maria Coeli Perdigão B. Coelho / Zeneida Cereja da Silva
Capa: Francisco Regis
Diagramação: Reginaldo Mesquita – Fone (61) 3344-3101
Impressão: Grafika Papel e Cores
e-mail: papelecores@gmail.com

Sumário

Prefácio

LUZ NO CAMINHO[1] é uma das mais preciosas gemas da literatura teosófica moderna. Pode ser propriamente descrito como o livro que mais se destacou no Misticismo Teosófico. Mesmo depois de sua publicação, há setenta anos, tem sido fonte de inspiração para grande número de pessoas em todo o mundo. A origem deste livro se "perde na névoa da antiguidade pré-histórica", e no decorrer de milhares de anos, ele tem sido ampliado com a inclusão de diversos comentários. Acredita-se que em sua forma original contivesse trinta aforismos, escritos num manuscrito de folha de palmeira. Tais aforismos foram mantidos nas modernas edições do livro, porém, comentários e notas foram acrescentados, de maneira que, em sua forma atual, o livro é bem maior do que nos tempos antigos. Os trinta aforismos contêm instruções espirituais de profunda significação. Um livro como *LUZ NO CAMINHO* transcende todas as limitações de época e raça, e tem, portanto, aplicação universal. As instruções nele contidas são de grande valor para homens e mulheres de nossa época, da mesma forma que o foram para os aspirantes à espiritualidade das gerações pretéritas.

[1] *Luz no Caminho*, Mabel Collins. Editora Teosófica, 5. ed., Brasília - DF. (N.E.)

Como todos os grandes tratados de assuntos relativos à vida espiritual, *LUZ NO CAMINHO* contém diversas "camadas" de significado. Tentei, nestas páginas, apresentar a camada do significado que mais me impressionou. À medida que crescemos em compreensão, encontramos sucessivas camadas de significado neste profundo e penetrante livro de Misticismo Teosófico.

O título deste livro – *PROCURA O CAMINHO* – foi selecionado do próprio texto comentado. É um dos menores aforismos contidos em *LUZ NO CAMINHO* e o texto inteiro gira, por assim dizer, em torno desta instrução de três palavras. Este livro nasceu de uma série de palestras dadas a um grupo de estudantes na sede da Sociedade Teosófica, em Benares, Índia.

ROHIT MEHTA

17 de novembro de 1955.

Capítulo 1

O rugir da tempestade

Um dos mais desconcertantes problemas da vida espiritual é o de mantermos nosso interesse em meio às intermináveis dificuldades e aos mais cruéis desafios. É a rotina e monotonia de nossa vida diária que solapa nossa vitalidade e força. A vida da maior parte da humanidade é feita de pequenos fatos e incidentes que podemos chamar de trivialidades da existência. Grandes e extraordinários acontecimentos raramente ocorrem nas vidas de homens e mulheres comuns. Demonstrar entusiasmo por coisas extraordinárias é fácil, porém é extremamente difícil mantê-lo em meio à rotina diária. O maior dos desafios do ser humano consiste na manutenção da integridade espiritual em meio dos detalhes triviais da vida. Manter equilíbrio perfeito de pensamento e emoção entre as provocações incessantes causadas pelos fatos e acontecimentos da existência diária, demanda uma energia que a maioria não está em condições de apresentar. E, além disso, a prova da vida espiritual está no âmbito das atividades comuns e não na esfera de empreendimentos extraordinários.

Foi Emerson quem disse que jamais algo de grandioso fora conseguido sem o entusiasmo. Se ele tinha razão, então o entusiasmo é uma das qualidades essenciais requeridas na senda espiritual. Sem entusiasmo, esta parecerá enfadonha. Isso tem sido bem evidenciado nas vidas de inumeráveis aspirantes, que retornaram à existência mundana devido à sua inabilidade em manter o entusiasmo na vida espiritual.

Entretanto, o entusiasmo não deve ser confundido com o desempenho eficiente de nossas obrigações. A chamada eficiência do mundo é devida, geralmente, ao cultivo de certos hábitos. Uma vida eficiente não é necessariamente uma vida criadora – muitas vezes é uma vida automática. A máquina é eficiente – porém não é entusiasta. Ela executa sua função sem falhas, porém não podemos associar o elemento alegria ao que a máquina executa. Uma vida de entusiasmo, entretanto, tem em si a parte criadora. Suas ações não são estereotipadas, porém portadoras de uma individualidade própria.

O entusiasmo por alguma coisa emana de uma condição de profundo interesse. Não se deve também confundir entusiasmo com simples excitação. Esta não possui profundidade e, portanto, não pode sustentar-se. Necessita ser constantemente alimentada pelas sensações do mundo externo. Porém o entusiasmo, arraigado no interesse profundo, tira sua força da própria profundidade.

A mente capaz de um interesse profundo não conhece momentos de obscuridade e não se intimida com obstáculos, por maiores que sejam.

A dificuldade para a maior parte de nós é que vivemos nossas vidas num nível demasiado superficial; nossos pensamentos e emoções são extremamente rasos. Esta tendência para a superficialidade aumentou enormemente nos últimos tempos devido a uma primazia indevida dada à rapidez. Nossa civilização está num estado de precipitação terrível – embora não saiba para onde corre tanto! Ora, uma vida superficial tem constante necessidade de excitações, sejam materiais ou espirituais. Há um anseio por mais e mais excitações, sensações e entretenimentos. Vê-se hoje em todos os níveis da existência humana, esta crescente demanda pelo "mais". É necessário dizer que a mente funcionando em níveis superficiais não pode ter experiências profundas. Uma mente assim mantém apenas relações sociais; não cultiva amizades profundas. Pode dissecar e analisar uma estrutura; não pode compreender as profundezas da Vida subjacente. Porém a espiritualidade é essencialmente assunto de experiências profundas. É a profundidade da experiência o que caracteriza a espiritualidade e não um determinado campo de atividade. Pode-se ser intensamente espiritual num mercado público, e não o ser, em absoluto, num templo ou santuário.

É a pessoa que vive superficialmente que briga com as condições objetivas da vida. Porta-se com um senso de injustiça. Sente ressentimentos para com os Senhores do *Karma*. Julga-se derrotada pelas circunstâncias em que foi inserida. A superfície da água é constantemente agitada, mesmo por um vento passageiro. O ser humano esforça-se por livrar-se destas perturbações constantes, tentando controlar o vento. Procurar a segurança tentando alterar as condições objetivas da vida é revelar mente imatura. A mente sem profundidade, empenha-se em tais propósitos. Sente-se restringida pelos acontecimentos objetivos, sejam coisas, pessoas ou ideias. Quando o contato da mente com a vida é raso e superficial, as dificuldades do mundo objetivo avultam-se muito.

Kabir, um grande místico indiano, disse que é quando o sono não vem que a pessoa se apoquenta com a arrumação da cama e o arranjo dos travesseiros. Somente a dançarina que não sente a dança em si é a que se queixa do palco, do soalho e da decoração. É quando a vida interna feneceu que as dificuldades objetivas parecem intransponíveis. Assim, é a falta de interesse profundo que arrefece o entusiasmo humano. O ser humano está ressequido por dentro e procura renovação de fora! Nenhuma mudança na condição objetiva, nenhuma alteração na disposição do *Karma* lhe trará renovação, enquanto não penetrar nas reais profundezas de seu próprio ser.

É possível ao ser humano cultivar um interesse profundo pela vida? Pode o interesse ser criado – ou é tão somente um dom do *Karma*? É a vida espiritual assunto de mero subjetivismo, negando toda a realidade às condições objetivas? Não tem o ser espiritual que trabalhar na mudança das circunstâncias objetivas? As condições objetivas visam servir de áreas de expressão para o ser humano. Portanto, necessitam ser mudadas e alteradas de tempos em tempos, de forma a não causarem restrição às suas necessidades de expressão. Em outras palavras, as circunstâncias objetivas são instrumentos de expressão. Pode-se alterar um instrumento, decorá-lo, porém, se não houver a música dentro do coração, que utilidade terá aquele instrumento? Assim, a música do coração deve preceder todas as atividades de mudança e polimento do instrumento. A mudança de condições objetivas deve seguir – não preceder – o despertar do interesse profundo. Se esperarmos que o interesse desperte como um resultado de mudanças objetivas, estamos então completamente enganados. Podemos ser colocados em uma nova situação pelos Senhores do *Karma* e nem assim serão vistas as belezas do novo ambiente, se a mente for obtusa e insensível. Se há profundo interesse, as mudanças no meio objetivo, quando necessárias, se produzirão de maneira silenciosa e suave. Mesmo que a situação não possa ser mudada, o homem de profundo interesse e entusiasmo verterá nova vida e vitalidade nas velhas formas do meio ambiente. Quando há a dança interna, a dançarina bailará em qualquer lugar e transmitirá frescor à situação antes lânguida e decadente. Não é o que faz o poeta com a linguagem que lhe é dada?

A experiência de todos os místicos espirituais é de que as dificuldades objetivas são varridas pelo impacto do entusiasmo nascido do interesse profundo. Entusiasmo e interesse profundo são fenômenos conjugados, ou então podemos também dizer que um é a expressão e o outro a fonte. O entusiasmo surge somente num estado de interesse profundo intrinsecamente presente, não de forma relativa, porém absolutamente presente no indivíduo. Realmente significa que o interesse não é por alguma coisa, nem em relação a algo particular. É somente o estado de puro interesse que serve de base para o verdadeiro entusiasmo. O interesse por alguma coisa só produz superficialidade, porque constitui entrave para a mente. Uma sensibilidade apenas por alguma coisa não é de modo algum sensibilidade, porque pelo processo inconsciente da resistência, ela torna a mente insensível a outras coisas. A mente aberta unicamente a uma coisa é uma mente fechada. Assim, a condição de puro interesse é que é essencial para o despertar do entusiasmo.

É a mente de grande amplitude que é capaz de interesse profundo. A mente sem amplitude é mente rasa ou superficial. Ter amplitude é ter profundidade para poder receber e reter as influências e os impulsos da vida. A mente rasa recebe pouco e, portanto, também dá muito pouco à vida. Quando o recebimento é escasso, a doação também é pequena, desprovida de toda generosidade.

É possível criar-se profundidade na mente? A falta de profundidade é certamente a principal dificuldade subjetiva, levando as desvantagens objetivas a assumirem grandes proporções. Pode haver um céu objetivo, mas se não houver profundidade subjetiva, ele não terá utilidade. As influências desse céu não podem verter suas riquezas numa mente rasa. O problema prático para todo aspirante espiritual é, pois, a criação dessa profundidade ou espaço na mente. Como podem as influências dos Mestres ou a Verdade verter suas riquezas numa mente acanhada? Se for criado um espaço na mente, então a vida terá momentos profundos de experiência diariamente. Mesmo a rotina diária e os pequenos detalhes da vida parecerão significativos e com uma nova luz. Tornar-se-ão correntes e regatos, trazendo ricos tesouros para serem vertidos no mar. O mar, com sua enorme profundidade, abarcará a todos, e mais ainda.

Como criar este espaço na mente, para que o seu contato com a vida possa ser profundo e duradouro? Devemos lembrar que não é tão somente aumentando nossos pontos de contato com a vida, que esta profundidade pode ser criada. Não é por uma aproximação quantitativa, mas tão só por uma transformação qualitativa, que se tornará possível um profundo contato com a vida.

Porém para criar esse espaço na mente, é preciso que ela não tenha em si nenhum elemento de resistência, tanto no nível consciente como no inconsciente. Se a mente resistir, perderá a sua flexibilidade e destarte se tornará insensível. A fim de compreender a profundeza da mente, precisamos observar o profundo silêncio que desce sobre a Natureza após uma violenta tempestade. O silêncio que se segue à tormenta pode ser experimentado no pico da montanha ou nas profundezas de um vale, à beira do mar ou nas planícies. Quando a tempestade ruge, temos a impressão de que tudo vai ser destroçado sob o seu fascínio esmagador. E, contudo, depois da tempestade, pode-se ver uma limpeza completa na Natureza, uma purificação da atmosfera, um frescor e um silêncio profundos e vibrantes. As folhas e os galhos mortos são lançados fora, e parece que houve uma completa renovação da Natureza.

Diz *LUZ NO CAMINHO*:

"Procura pela flor que desabrocha durante
o silêncio que se segue à tormenta: não antes.

> Ela crescerá, se desenvolverá, lançará ramos e folhas, formará botões enquanto a tempestade prosseguir, enquanto perdurar a batalha. Porém, só quando toda a personalidade do homem estiver dissolvida e desvanecida – só quando for mantida pelo divino fragmento que a criou como mero instrumento de experimentação e experiência – só quando toda a natureza houver cedido e sido submetida ao seu Eu Superior, é que o botão pode se abrir".

O desabrochar da flor é a profunda experiência espiritual que advém após o terrível estrondo da tormenta. É na tormenta que se cria a profundeza do silêncio. A limpeza da Natureza pela tormenta é certamente a criação do espaço. O silêncio que se segue à tormenta é da mais alta significação. A tormenta revolve tão profundamente a natureza, que todas as coisas mortas são lançadas fora e o fardo do passado alijado.

Da mesma forma, a mente humana poderá ser renovada, se o fardo do seu passado for descarregado e tornado mais leve e maleável. O silêncio profundo pode advir à mente, desde que ela tenha sido profundamente revolvida. A mente plácida, indiferente, despreocupada, impassível jamais pode experimentar as profundezas e, portanto, não pode conhecer o que seja renovação. Tal mente pode excitar-se, mas não entusiasmar-se. A capacidade de ser revolvida, remexida é uma precondição necessária para despertar o interesse e o entusiasmo. Se nada altera uma pessoa, então há nela algo de fundamentalmente errado! Felizmente há sempre alguma coisa que nos incomoda. Isto constitui a graça salvadora de nossa vida! Demonstra que não estamos mortos, embora possamos estar adormecidos.

Mas, se alterações vêm às nossas vidas e se tormentas rugem em nosso íntimo, por que é que não se criam profundidades em nossas consciências? Por que não limpam nossas mentes? Por que não ficamos renovados após tormentas mentais e emocionais? É porque resistimos às tormentas. Interferimos em seus movimentos, queremos controlá-las. Temos receio de permitir à tormenta que opere através de nós. Sentimos que seremos destruídos ao seu impacto, sentimos que seremos varridos por seu poderoso influxo. E assim, quando as tormentas psicológicas rugem em nós, resistimos à sua aproximação e, quando chegam, procuramos abrir nosso caminho, através delas.

Mas corre-se graves perigos ao procurar abrir caminho através de uma tormenta ou de uma perturbação. Quando uma tormenta ruge, a gente se sente confusa. Se não houvesse confusão, também não haveria tormenta! Em uma tormenta, levantam-se nuvens de pó e há a agitação de árvores e plantas. Naturalmente, se fica confuso no meio desta agitação e, assim, quaisquer passos dados, neste momento de confusão, tendem a levar-nos a uma confusão maior. Em tormentas e perturbações a gente precisa "estar alerta", como se cada movimento da mente confusa possibilitasse o extravio do peregrino espiritual. Se deixarmos a tormenta operar sozinha e não houver resistência, haverá então uma completa limpeza da mente. A mente será refrescada e renovada. Um novo caminho e uma nova abordagem se abrirão a uma mente assim. E um novo caminho sempre evoca entusiasmo do fundo do coração de cada ser humano.

Porém a questão é: Temos de provocar tormentas e perturbações a fim de criar o entusiasmo de viver? Este remédio parece ser pior do que a doença! Afinal de contas o que é uma tormenta ou uma perturbação? Obviamente, é um desafio da vida. Devido a estes desafios, ficamos perturbados. Mas como no rio da vida correm novas águas a todo o momento, a vida é um desafio incessante. Não há momento em que não exista o desafio da vida. Por que não ficamos em estado de alerta, embora o desafio deva tornar a pessoa alerta e vigilante? Se vivemos cercados por desafios e não estamos alertas e vigilantes, será que não estamos nos resguardando, sob uma falsa segurança?

Não há dúvida de que a vida está constantemente enviando,

de maneira incessante, desafios de todos os lados e em diversos níveis. Porém, a mente, através de suas respostas, emanadas das esferas de sua memória, trabalha como um "amortecedor de choques", em relação a estes desafios. É esta atividade da mente que nos leva à passividade. Somos, então, impedidos de enfrentar os desafios da vida, devido à intervenção da mente. A mente está interessada em agir como intermediária, porque só assim pode manter sua continuidade. Devido a essa mediação, nós nem mesmo nos tornamos conscientes dos desafios da vida. Algumas vezes, as suas fortificações desmoronam devido à natureza esmagadora do desafio, porém tais circunstâncias raramente acontecem na vida de uma pessoa comum. A pessoa não percebe os contínuos desafios da vida, devido às barreiras colocadas pela mente entre ela e o seu ambiente. Dessa forma a mente a mantém afastada de um contato direto com a vida. A maioria de nós está circunscrita a uma existência estagnada. Como haver entusiasmo numa existência assim?

Se a mente pudesse receber os desafios da vida, sem emitir qualquer resposta de seus centros de memória, permaneceria viçosa e vital. Da mesma forma como a natureza é purificada pela tormenta que ruge, assim o será a mente humana pelos desafios da vida. Recebê-los, porém não reagir a eles, a partir dos centros de memória, é "ficar impassível" no meio da tempestade, é ficar quieto onde se está, porque qualquer movimento da mente, nesta hora de tormenta, conduzirá o peregrino espiritual a uma confusão cada vez maior.

Mas permanecer impassível numa tormenta requer tremenda coragem. Não resistir à tormenta, nem fugir dela implica em receber em cheio o impacto da tormenta. E ao receber este impacto, o homem fica absolutamente só. O desafio sem resposta é um estado de solidão. Quando uma tempestade ruge na Natureza, cada árvore está sozinha, pois tem que se apoiar em sua própria resistência. Porém naquela solidão, se a árvore não resiste, torna-se mais leve devido à queda das folhas e galhos mortos. Da mesma forma, se a pessoa puder permanecer quieta, sozinha e renovada. E na renovação subjetiva, as dificuldades do ambiente objetivo se dissolverão na atmosfera. A solidão criada pela tormenta está cheia de tremendas possibilidades espirituais. Voltaremos a elas ao analisar o problema da solidão, no capítulo seguinte.

Capítulo II

O Estado de solidão

Foi Plotino quem descreveu muito pitorescamente a senda da realização espiritual como um "voo do solitário para o Solitário". Este elemento de "solidão" tem sido ressaltado em relação à vida espiritual por místicos de todos os tempos. *LUZ NO CAMINHO* também exorta o discípulo a "permanecer solitário". A jornada espiritual tem que ser empreendida em completa solidão, porque a senda para a Realidade é tão estreita que só dá passagem a um de cada vez. O grande místico indiano, Kabir, diz numa de suas famosas canções: "A senda do Amor é tão estreita que nela não há espaço para dois".

Pode-se compreender a solidão do peregrino espiritual, devido à estreiteza da senda; porém, por que o final da jornada também foi descrito como "Solitário" por Plotino? Na literatura filosófica do mundo, Realidade e Absoluto são sinônimos. Na filosofia Vedanta, o Absoluto é chamado Brahman, e a descrição que ali se faz de Brahman é "Um sem segundo". Ora se o Absoluto ou Brahman é "Um sem segundo", certamente Ele permanece solitário. Como Ele não tem um segundo, não pode ser comparado ou contrastado com coisa alguma. Assim, nada pode estar em maior estado de "solidão" do que o Absoluto ou Brahman. O Absoluto transcende todos os reinos de relatividade, porque não existe nada semelhante a Ele – nem tampouco há nada contrário a Ele. A relação implica comparação ou contraste; de fato, a relação não existe fora destes dois processos. Assim, a peregrinação espiritual é caracterizada pela "solidão", tanto no início como no final. Indica que é somente o solitário que pode mover-se em direção ao Solitário. Estabelece a verdade da velha máxima Oculta que diz: "Não poderás trilhar a senda, enquanto não te tornares uno com ela". A fim de caminhar para o Solitário, deve-se começar por uma condição de absoluta solidão. Somente o solitário será capaz de compreender o Solitário.

LUZ NO CAMINHO diz: "Pedir é sentir a fome interior". Na vida espiritual, este é o único pedido reconhecido – tudo o mais é mera curiosidade. Somente quando o pedido surge da fome interna é que há profundidade nele. Nenhuma realização espiritual é jamais possível num contato superficial com a vida. Tem sido assegurado: "Pedi e vos será dado" – porém o pedido deve vir das profundezas da experiência. E a profundidade da experiência somente é possível em solidão, porque, nessa condição, o sujeito e o objeto se defrontam, sem nada que os perturbe ou distraia. Como pode haver profundeza de experiência quando a mente do ser humano se distrai em todas as direções? Como pode a Verdade, Deus ou o Mestre, penetrar em sua vida, se ele não está só, mas sujeito a inúmeras distrações? Um ser humano distraído nem mesmo reconhecerá a presença de Deus ou da Verdade. A sutil vibração da Grande Presença da Verdade, de Deus ou do Mestre só será sentida por nós, em momentos de absoluta solidão.

Mas é desta solidão que o ser humano deseja sempre escapar. Ele receia ficar a sós e por isso sempre está com alguém ou com alguma coisa. Se nada tem à mão, nenhum assunto ou objeto com que ocupar sua mente, ele escarafuncha algumas coisas através da curiosidade e especulação, para não ter que enfrentar a solidão.

Mas o que é essa solidão e por que o ser humano a teme? Estamos solitários quando estamos sós? A solidão significa evitar a companhia de outras pessoas? Estamos solitários, quando nos recusamos a conversar com alguém? Há grande diferença entre solidão e isolamento. Quando evitamos a companhia dos outros, ou quando estamos a sós sem vontade de falar com ninguém, podemos ter momentos de isolamento, porém não necessariamente de solidão. Em momentos de isolamento, estamos na companhia de nossos próprios pensamentos; de fato, a companhia de nossos próprios pensamentos é muito mais íntima e intensa nos momentos de isolamento. Como pode haver solidão se estamos em companhia de alguma coisa?

A solidão não é uma condição física; é um estado da mente. Quanto mais ansiamos por condições de isolamento físico, mais afastados estamos da solidão. Não estamos sugerindo que isolamento físico e solidão sejam contraditórios. Tudo o que se indica é que não andam necessariamente juntos. Alguém pode sentir-se totalmente solitário em momentos de isolamento físico, ou não se sentir nada solitário, ainda que completamente isolado em relação a influências físicas. A solidão é um estado no qual a mente não tem nada em que se ater. Enquanto a mente prender-se a alguma coisa – uma ideia, um ideal, um conceito, uma imagem – não haverá solidão. *LUZ NO CAMINHO* descreve este estado, quando pede ao peregrino espiritual: "agarra com força aquilo que não tem substância nem existência". Assim, quando a mente não tiver nem substância, nem existência a que se ater, ela experimentará o estado de solidão.

Agora, valorizamos muitíssimo o que recebemos em solidão. Consideramos isso o grande prêmio da vida. Aquilo que nos vem quando estamos solitários tem, com efeito, a maior significação para nós. Aquilo que nos vem quando estamos no meio de outros ou quando em companhia de nossos próprios pensamentos tem para nós pouquíssima significação. Qual será a utilidade da introdução da Verdade, de Deus ou do Mestre em nossa vida, se não estivermos a sós? Mesmo a mais elevada Verdade ou a mais sublime Beleza nos parecerá insignificante, quando não houver a experiência da solidão. Um pensamento, uma ideia, uma visão que nos envolva, quando em solidão, entrará em nosso ser real, porque nele nada há que lhes resista ou que os desvirtue. É a experiência vinda na solidão que tem um profundo sentido revolucionário.

Se não tivermos experimentado a força compulsória da Verdade é porque não conhecemos o que seja solidão. Se os nossos contatos com a vida são superficiais, é porque jamais estivemos solitários. O que recebemos da vida não tem profundidade – é casual. Como pode nossa dádiva ser rica, quando o nosso recebimento é tão pobre?

É este estado de solidão que foi mencionado nas quatro primeiras sentenças de *LUZ NO CAMINHO*. A solidão é o tema principal deste livro. A solidão, sendo o estado crítico da mente, propicia a base na qual a planta espiritual pode medrar. A criatividade do espírito é possível somente nesta solidão. A iluminação espiritual só pode vir à pessoa, quando ela está só. Como *LUZ NO CAMINHO* trata de problemas da vida espiritual, corretamente enfatiza o valor e a importância da solidão.

A vida espiritual não é uma continuidade – nem mesmo uma continuidade modificada – da vida temporal. O princípio do gradualismo opera no campo da continuidade. Porém como a vida espiritual indica uma nova qualidade de existência, não é o princípio da gradação, mas o do inesperado que opera aqui. E o inesperado somente é possível em estado crítico. Na terminologia científica, um ponto crítico é um ponto de transição. A mente num estado de solidão está certamente equilibrada neste ponto crítico – o ponto de transição psicológica ou espiritual. É neste ponto de transição que ocorre a verdadeira transformação espiritual – isto é, com efeito, a Revolução no Centro –, a chegada súbita de uma nova qualidade de existência. *LUZ NO CAMINHO* descreve isto como "o misterioso acontecimento". Não há exagero em dizer que a ideia central daquele precioso livro é a ocorrência deste "misterioso acontecimento". A passagem seguinte, que aparece em *LUZ NO CAMINHO*, é a chave para a compreensão de todo o problema espiritual, tão clara e lindamente exposto em suas páginas:

"Então haverá uma calma semelhante àquela que ocorre em uma zona tropical, após uma chuva torrencial, quando toda a Natureza parece operar tão rapidamente que é possível vê-la em ação. Essa calma descerá sobre o espírito fadigado. E no profundo silêncio, ocorrerá o misterioso acontecimento que comprovará que o caminho foi encontrado".

A ação rápida da natureza é certamente a súbita aparição de uma nova ordem de existência. Segundo *LUZ NO CAMINHO*, este misterioso acontecimento ocorre somente em profundo silêncio – o silêncio que se segue a uma violenta tempestade.

É para este silêncio profundo, o estado crítico ou o momento de solidão, que se chama a atenção do neófito nas quatro primeiras sentenças deste grande livro de Misticismo. O livro começa com a seguinte instrução:

"Antes que os olhos possam ver, devem ser incapazes de lágrimas."

Quando vêm as lágrimas a nossos olhos? Quando não gostamos de determinada situação. Significa que queremos que as coisas e as situações sejam diferentes do que são. Quando uma pessoa não está disposta a aceitar coisas e situações tais como são e se sente frustrada em seus esforços para alterá-las, vêm-lhe lágrimas aos olhos. Certamente, as lágrimas denotam uma perda de perspectiva e, portanto, uma deformação da visão. A solidão não sugere encarar as coisas e situações tais como elas o são? Os olhos são capazes de verter lágrimas, quando a mente está em conflito entre o que é e o que ela desejaria que fosse. Ora, a mente que está em companhia de seus próprios pensamentos e ambições não está em estado de solidão. Ser incapaz de chorar é estar desejoso de encarar a vida tal qual ela é.

Precisamos lembrar-nos de que *LUZ NO CAMINHO* não sugere insensibilidade dos olhos. É verdade que as lágrimas podem ser evitadas pela recusa de ver, fechando os olhos ou fugindo de uma situação. Mas essa não é a instrução dada no livro. O preceito ao neófito é: os olhos devem ver e, contudo, devem ser incapazes de lágrimas. De fato, esta primeira instrução ao peregrino espiritual diz que os olhos não estarão aptos a ver claramente, enquanto forem capazes de lágrimas. E as lágrimas vêm devido à relutância da mente em encarar a vida tal qual ela é. Assim, a não ser que a mente esteja solitária, livre de suas próprias ambições e associações, não é possível ao neófito cumprir a primeira instrução. Usualmente nossas mentes são vagarosas demais ou demasiadamente intrometidas. Se o neófito embotou sua mente, os olhos serão incapazes de ver qualquer coisa. Mas se sua mente se intromete, devido às suas próprias ambições, recusando aceitar a situação tal qual ela é, então seus olhos estarão, na certa, constantemente marejados de lágrimas, oriundas de um conflito entre o que é e o que a mente desejaria que fosse. A primeira instrução, entretanto, indica o estado de solidão onde a mente se encontra completamente livre de todos os apegos e as associações psicológicas, onde não se sente nem mesmo em companhia de seus próprios modos ou tendências de pensar. Está numa condição em que a "faculdade pensante está tensa e, entretanto, não pensa". Ser capaz de ver e, contudo, ser incapaz de lágrimas é, certamente, um estado de grande tensão – uma condição na qual a mente atingiu um ponto crítico.

A segunda instrução dada ao neófito é:

"Antes que o ouvido possa ouvir, deve ter perdido a sua sensibilidade".

Como se pode ouvir, se os ouvidos não tiverem sensibilidade? Tal como a primeira instrução não sugere a perda da vista, assim a segunda instrução não indica a perda da audição. Assim a palavra "sensibilidade" tem aqui um sentido psicológico – não físico. Em outras palavras, a instrução refere-se à impressionabilidade da mente. É um fato que não é o ouvido, mas a mente que ouve. Apenas quando a mente cessa de ser impressionável é que surge a possibilidade de ouvir direito.

O que indica a impressionabilidade da mente? Sugere que esta deseja ouvir algo diferente do que ouve. A mente não quer aceitar a vida tal como ela lhe vem através do sentido da audição. Deseja que a vida seja diferente. Deseja somente o que é agradável e quer evitar aquilo que ela determina ser desagradável. Ora, a distinção entre o agradável e o desagradável brota da memória de experiências anteriores. E, assim, a impressionabilidade da mente surge do passado e nele se radica. A maior parte de nossa audição, na qual os ouvidos não perderam sua sensibilidade ou impressionabilidade, está apenas cronologicamente no presente, mas psicologicamente está no passado. Só ouvimos as vozes do passado captadas por nossa mente, enquanto ela se recorda do agradável e do desagradável. É só quando a audição, tanto física como psicológica, está no presente que a audição é correta. Mais uma vez, ouvir sem reação mental constitui uma condição de intensa tensão, comparável a um estado de solidão. Quando todas as vozes do passado estão em silêncio, então nossa mente está totalmente desacompanhada. Ela permanece solitária, em completo silêncio. E é somente o silêncio que pode ouvir. Assim, é absolutamente verdadeiro que, "antes que o ouvido possa ouvir," devem cessar todas as reações mentais da memória psicológica. É somente quando a mente está solitária, que pode haver audição; isto significa, na realidade, o ouvido perder a sua sensibilidade.

A terceira instrução dada ao neófito logo no início do livro é:

"Antes que a voz possa falar na presença dos Mestres, deve ter perdido o poder de ferir".

A linguagem é um dos instrumentos mais poderosos na mão do homem. Ele pode curar ou ferir os outros com a arma que possui. Muito frequentemente, nossa palavra contém um aguilhão consciente ou inconsciente. Mas o aguilhão de nossa palavra não está na própria palavra, porém, sem dúvida, na mente. A palavra em si não possui o poder de curar nem de ferir. Aquilo que é transmitido através da palavra a torna agradável ou desagradável. A palavra ou a linguagem é apenas um veículo. É a mente que lhe empresta qualidade. A palavra é um meio de comunicação. Sem ela, as relações sociais se tornariam quase impossíveis. No entanto, um meio de comunicação em si não tem nenhum significado. Aquilo que é comunicado torna a palavra ou a linguagem significativa. Todos nós usamos as mesmas palavras e seguimos as mesmas formas de linguagem e, contudo, há uma nítida diferença na qualidade do que cada uma delas transmite. É muito frequente nossa linguagem falada não possuir vitalidade em si, porém às vezes a palavra se torna intensamente viva; tal como a palavra de um amigo, pode curar a ferida que nos faz sofrer, em outra ocasião, uma palavra do mesmo amigo pode nos aprofundar a ferida. Por que acontece isso? Não é a palavra o que importa, e sim, certamente, a fonte donde emana a palavra, que é de importância fundamental: A qualidade curativa ou feridora da palavra reside na fonte e não na forma ou estilo de linguagem.

Em nossas relações diárias com os outros, a fonte de nossa linguagem está na mente, que está condicionada pela memória de experiências passadas. Em outras palavras, o lastro condicionado da mente é a fonte donde emergem todas as nossas palavras.

“No começo era o Verbo”, diz a Escritura Cristã. No Hinduísmo, há o conceito de Shabda, Brahmā, a criação surgindo do Verbo. "Em cima como em baixo" é a velha máxima de ouro. Indica que o que é verdade no nível macrocósmico, também o é no nível microcósmico. Assim, o mundo do ser humano surge do verbo, tal como o mundo macrocósmico surgiu do Verbo de Deus. Nosso mundo gira em torno das palavras que usamos. Ser capaz de pronunciar uma palavra com referência a uma coisa, pessoa ou situação implica, com efeito, um grande poder. Havendo proferido a palavra, ao redor dela o ser humano tece o seu próprio mundo. Proferir uma palavra é certamente o ato de nomear um objeto, uma pessoa ou uma situação. O ser humano não sente ter dominado uma coisa, enquanto não a tenha nomeado. Desde que uma experiência esteja nomeada, ele se sente completamente seguro.

Uma experiência representa um desafio, enquanto o ser humano não a tiver definido. Um objeto ou uma experiência inanimados requerem sua apurada e constante atenção. É por um desejo de segurança que o ser humano se mostra sequioso por definir um objeto ou uma situação. É bem verdade, que sem um nome a vida social se torna impossível. É o nome que imprime ordem nesta existência, de outra maneira caótica. Assim, os nomes não necessários à comunicação social. Ajudam-nos a diferenciar uma coisa de outra. Mas a diferenciação verbal é uma coisa, enquanto a distinção psicológica é completamente outra. Os nomes dos objetos e as situações não são dados meramente visando locação ou diferenciação verbal, destinam-se, primariamente, à identificação psicológica. Nos nomes, acumulam-se todas as nossas lembranças ou associações psicológicas. Assim, à diferenciação verbal, adicionamos este fator de associação psicológica. Destarte, quando uma palavra é proferida ou um nome é pronunciado, existe todo o lastro de associações passadas ou lembranças presentes. É este lastro que se torna a fonte de nossa linguagem. Em outras palavras, nossa linguagem surge da mente condicionada por associações e memórias passadas.

Raramente dizemos uma palavra pura ou pronunciamos um nome puro. Nossas palavras e nomes são contaminados pelo toque do passado. É esta contaminação que dá a força de ferir às nossas palavras. Mesmo as palavras polidas e agradáveis, se emergirem desta mente contaminada, produzem uma sensação dissonante nos que as ouvem. Não é, portanto, a forma da linguagem o que importa, e sim, a sua origem. Tudo que brota de uma fonte pura e não contaminada, tem de ser fresco e vital e não pode causar nenhum dano. Mas a mente não contaminada está totalmente solitária, porque um contato ou apego a qualquer coisa produz contaminação. A mente deve tornar-se incorruptível, antes de ser uma fonte de linguagem pura e não contaminada. Assim, antes que tua voz possa falar na presença do Mestre, o corruptível deve revestir-se de incorruptibilidade; a mente contaminada deve tornar-se pura e imaculada. E a mente que é pura permanece absolutamente solitária. A voz que emerge desta solidão, pode, sem dúvida, não ter nenhuma possibilidade de ferir.

A última das sentenças iniciais, diz:

> **"Antes que a alma possa erguer-se na presença do Mestre, seus pés devem ser lavados no sangue do coração".**

Quando o coração sangra? Evidentemente, ele sangra quando o eu da pessoa está sendo esmagado, quando a personalidade está sendo destruída. Sangrar um coração é processo de extirpar as próprias raízes de nossa existência. Que solidão maior pode haver do que aquela que surge de ser separado de si próprio? Quando o coração sangra, o corpo deve perecer. Em termos espirituais, o sangrar de um coração deve resultar no perecimento da entidade psicológica que chamamos "ego". Paradoxalmente, só podemos estar na presença do Mestre ou de Deus, quando tivermos cessado de existir! De acordo com a tradição oriental, não devemos entrar no Santuário sem lavar nossos pés. Isto simboliza um ato de purificação. Como pode uma alma permanecer na presença do Mestre, se não está purificada? E que maior purificação pode haver do que a que surge do aniquilamento do ego? Este se cobriu de poeira através dos séculos e construiu uma entidade chamada de "Eu". O "Eu" é certamente uma acumulação do passado, é o ponto focal de todas as memórias passadas. Como podemos entrar no Santuário, levando a poeira dos séculos presa a nossos pés? É a remoção dessa poeira das memórias passadas que faz o coração sangrar. Quando nos separamos de nosso próprio passado, ficamos totalmente sós. É o passado e o futuro que nos fazem companhia. Apegamo-nos firmemente a estas companhias. Não sabemos o que é solidão, enquanto elas estão conosco. É o "presente" que constitui um momento de absoluta solidão. Mas a percepção só pode estar no presente; nunca pode estar no passado, nem no futuro. Assim, é somente quando estamos separados de nosso passado – e, portanto, de nosso futuro – que podemos "ver" o Mestre ou a Verdade. Só podemos permanecer na presença do Mestre no momento do presente, quando estamos absolutamente solitários, tendo removido de nossos pés a poeira das memórias passadas. Tendo sido purificados devido a uma completa separação de nosso próprio passado e futuro psicológicos, estamos capacitados a permanecer na presença do Mestre. Este é, certamente, o misterioso acontecimento de que fala *LUZ NO CAMINHO*.

A visão do Mestre só poderá vir ao peregrino espiritual quando seus olhos, ouvidos e palavra tiverem sido purificados. E esta purificação é, com efeito, a profunda experiência da solidão. Ver e não verter lágrimas; ouvir e não sentir-se ofendido; falar e não ferir – isso somente é possível quando a mente recebe o desafio da vida, porém não emite qualquer resposta proveniente de sua esfera de memórias. Quando há somente o desafio e não há resposta, encontra-se o caminho, pois a mente é iluminada do alto. Enquanto a mente se debate no escuro para encontrar um caminho, ele não pode ser encontrado, pois a mente está perdida no matagal de suas próprias projeções. É somente quando a mente cessa de projetar – de lançar sua própria sombra – que a senda pode ser vista. "Sua Luz mora sempre em nosso meio" – porém a mente, ao lançar suas próprias sombras, impede-nos de ver essa luz. A mente precisa perder a sua opacidade e tornar-se transparente, para que o caminho possa ser iluminado. A transparência da mente é, com efeito, um estado de solidão, porque ela foi despida de tudo quanto possuía. Ela nada tem a que se ater: nem substância nem sombra. É certamente o supremo estado espiritual, no qual a mente se tornou vazia.

Como chegar a este estado de solidão em que ocorre o misterioso acontecimento, provando-nos haver sido encontrado o caminho? Este é, em verdade, o tema principal do livro, comentado nos capítulos seguintes.

Capítulo III

Submissão ao desconhecido

Em *LUZ NO CAMINHO*, há um conceito profundamente místico que diz:

"Entrarás na luz, mas nunca tocarás a Chama"

É óbvio que este conceito indica tanto as possibilidades, quanto as limitações do esforço humano. Sugere que o ser humano não pode prosseguir além de um determinado ponto, ainda que seu esforço seja dos mais árduos e sinceros. A frase "nunca tocarás a Chama" não deixa dúvida na mente do neófito, porque não há ambiguidade nesta afirmação. Para quem empreende a íngreme caminhada para as alturas espirituais, é essencial saber, claramente, quais as possibilidades do esforço consciente e quais as suas limitações. Sem conhecer as limitações do esforço consciente, podemos esperar desse esforço aquilo que nunca nos poderá dar – e sentirmo-nos frustrados no final.

É interessante observar que cada grande religião do mundo tem dois aspectos de expressão – o ético e o espiritual. O aspecto exotérico da religião trata dos problemas éticos do ser humano. Sua abordagem da vida é essencialmente moral – e uma aproximação moral trata de simples modificações em nossa maneira de viver. Em outras palavras, está relacionada com o cultivo de novos hábitos. Opera no reino da continuidade. As modificações que procura introduzir são, obviamente, através do esforço consciente. A religião exotérica, com sua aproximação moral, dá ênfase especial às possibilidades do esforço consciente.

Mas há também um aspecto esotérico da religião. Sua base é espiritual e não ética. Isso não quer dizer que o espiritual seja antimoral. A aproximação espiritual não é uma continuação da aproximação ética e nem contrária a ela. Não está relacionada com simples modificações, com modificações estruturais, com o cultivo de novos hábitos. A aproximação espiritual trata da transformação fundamental do homem, com a revolução no centro. A religião esotérica não é uma simples extensão da religião exotérica; pertence a uma dimensão de existência totalmente nova. Frithjol Schuon, em seu livro: "*The Transcendental Unity of Religions*", diz com muito acerto:

> "A presença de um núcleo esotérico numa civilização que possua um caráter especialmente religioso, garante-lhe um desenvolvimento normal e um máximo de estabilidade. Entretanto, este núcleo não é, de modo algum, uma parte, nem mesmo uma parte interna do exoterismo, porém, ao contrário, representa uma dimensão quase independente em relação ao último".

Se o aspecto exotérico ou ético da religião dá ênfase às possibilidades do esforço consciente, o aspecto esotérico ou espiritual chama a nossa atenção para as limitações do esforço consciente. Mas conhecer as limitações do esforço consciente não é cessar de fazer esforços com a mente consciente. Apenas indica a esfera legítima desse esforço. Nesta esfera, todas as possibilidades de esforço consciente devem ser exploradas. Não se deve, contudo, esperar "tocar a chama" como resultado do esforço consciente. Em outros termos, o progresso ético, que é o produto do esforço consciente, indica um movimento dentro do reino dimensional do próprio indivíduo. Mas uma transformação espiritual implica a insinuação de algo que transcende o reino dimensional do indivíduo. No primeiro caso, trata-se da extensão da consciência e no segundo, refere-se à expansão da consciência.

Não há dúvida de que *LUZ NO CAMINHO* ocupa-se da transformação espiritual ou expansão da consciência. Isto está indicado pelos três aforismos seguintes, que precedem o preceito acerca da entrada na luz, mas sem tocar a chama. Os três aforismos são:

"Deseja somente o que está dentro de ti.
Deseja somente o que está além de ti.
Deseja somente o que é inatingível."

Mas o primeiro destes aforismos parece não ter sentido ao ser examinado apenas superficialmente, porque equivaleria a desejar o que já possuímos! Tal desejo significaria mera acumulação do que já temos. Dentro deste conceito, "desejar o que está dentro de nós" poderia resultar em avareza ou cobiça psicológica. Certamente, *LUZ NO CAMINHO* não sugere que o peregrino espiritual deva tolerar a cobiça psicológica. Esta instrução tem que ser compreendida à luz do segundo aforismo, que diz:

"Deseja somente o que está além de ti."

Aqui se pede ao neófito que deseje aquilo que não possui. Nossos sonhos, fantasias e concepções estão certamente além de nós. Sem dúvida, existem dentro de nós, porém ainda fora de nosso alcance. Somos então solicitados a seguir estes sonhos e fantasias? Mas nossos sonhos e ideais não são as criações e projeções da mente? Se tivéssemos que desejar as projeções de nossa mente, certamente seríamos colhidos num círculo de continuidade. A mente move-se em círculo. Seus movimentos resultam numa continuidade modificada. E, usualmente, aquilo que entendemos por progresso é tão somente uma modificação de estrutura. Esforçar-se por aquilo que está além de nós é, com efeito, matéria de esforço consciente. Todos os movimentos morais e éticos lutam por aquilo que está além. Mas um esforço consciente não pode resultar numa transformação espiritual fundamental; pode somente produzir outra estrutura modificada, um novo padrão de conduta, pois seus esforços são em direção ao que a mente projetou. O que a mente descreve como futuro é apenas uma modificação do passado. O "além" que a mente percebe é apenas uma modificação do "aqui". Aquilo que existe fora da esfera de continuidade do pensamento jamais pode ser imaginado ou sonhado pela mente.

Qual, pois, o significado da instrução acerca de desejar aquilo que está além de nós? Esforçar-se por algo que está além é certamente explorar as possibilidades do esforço consciente. Mas se o esforço consciente fosse capaz de efetuar uma transformação espiritual, a terceira instrução neste grupo de aforismos se tornaria totalmente supérflua. Diz a terceira instrução:

"Deseja aquilo que é inatingível."

Qual a diferença entre o "além" e o "inatingível"? O primeiro indica as possibilidades do esforço consciente, ao passo que o segundo sugere suas limitações. Se o além e o inatingível fossem idênticos, não haveria necessidade de dois aforismos separados. Mas não são idênticos. O além é algo que está no futuro e, portanto, pode ser atingido com o decorrer do tempo. O que separa o "aqui" do "além" é o tempo. Mas o inatingível nada tem a ver com a marcha do tempo. Aquilo que se pode atingir através do tempo, não é inatingível. *LUZ NO CAMINHO* diz que a chama jamais será tocada. Assim, pois, tocar a chama não é uma questão de tempo.

Neste ponto não se dá ao neófito nenhuma consolação de tempo. O inatingível é aquilo que não está dentro da esfera das coisas atingíveis. Ora, atingir é conseguir, obter ou alcançar por esforços. Portanto, desejar o inatingível implica em desejar aquilo que não pode ser alcançado pelo esforço consciente. Sugere conhecer as limitações do esforço consciente e ser sensível àquilo que o transcende. A mente não conhece aquilo que transcende as suas fronteiras, mas ela pode abrir-se, para receber esta Realidade transcendental. O inatingível é transcendental. Desejar o que é inatingível é ser sensível àquilo que está fora do reino do esforço consciente. Como pode a mente desenvolver esta sensitividade?

A mente só pode desenvolver esta sensitividade pelo exame de suas esferas de esforço consciente. Se a mente puder perceber suas operações nesta esfera, logo começará a compreender as limitações do esforço consciente. Em primeiro lugar, temos que saber o que são nossas esferas de esforço consciente, antes de podermos compreender as limitações envolvidas neste processo.

Quais são as esferas do esforço consciente do homem? Elas estão indicadas nas três regras que se seguem aos aforismos acima. Ei-las:

> **"Mata a ambição.**
> **Mata o desejo de viver.**
> **Mata o desejo de conforto."**

Mata a ambição – O que é ambição, tanto no plano material como no imaterial? É, certamente, uma ânsia pelo sucesso – um desejo de ser "alguém". O homem teme não ser ninguém, justamente aquilo que ele é. Ele quer atrair a atenção dos outros – quer ser reconhecido. Através da ambição, portanto, o homem procura ser importante. Sente que somente uma pessoa bem-sucedida obterá reconhecimento dos outros, e, assim, nutrindo certas ambições, materiais ou espirituais, ele está lutando para obter o êxito. Agora, o que significa matar a ambição? Significa trabalhar pelo fracasso em vez do sucesso? Significa desistir do êxito? Mas trabalhar conscientemente pelo fracasso é outra maneira de trabalhar pelo êxito! É ser bem-sucedido pelo fracasso! Quando alguém se esforça pelo fracasso é o fracasso que se torna a ambição. E, assim, matar a ambição não sugere desistir de êxitos, ou cortejar fracassos.

Matar a ambição é inquerir por que estamos ansiosos por êxitos. Se o êxito é a esfera do esforço consciente, o que esperamos conseguir através dele? É nesta inquirição e somente nela – que os motivos do êxito – ou do seu oposto, o fracasso – nos serão revelados. E os motivos nos indicarão as limitações de nosso esforço consciente. Porque o êxito não tem fim. Quando um homem alcança um ponto de êxito, percebe que deve prosseguir adiante. O esforço pelo êxito ou o processo de vir a ser não se detém em nenhuma parte, pois aí "o homem nunca é, mas sempre virá a ser abençoado". O homem sente que o êxito lhe é sempre recusado. Na senda do sucesso, o homem, mais cedo ou mais tarde, compreende as limitações do esforço consciente. E quando isso acontece, então ocorre a morte da ambição.

Mas se o homem não pode obter êxito, precisa pelo menos

ter a alegria da continuidade. O segundo aforismo, entretanto, diz:

"Mata o desejo de viver."

O que significa desejo de viver? Nada mais do que uma ânsia por continuidade. Desejamos continuar através das coisas que temos, através das pessoas a quem estamos ligados ou através dos ideais e ideias que acarinhamos. O homem teme o momento da descontinuidade, por ser um momento de absoluta solidão. Tanto quanto o esforço pelo êxito, a manutenção da continuidade também pertence ao reino do esforço consciente. O desejo de viver nasceu, evidentemente, da ânsia por continuidade. E o homem faz esforços frenéticos para manter a continuidade da existência. Mas não é possível para o homem manter a continuidade da existência. Pois ele não pode jamais evitar a morte, embora seus esforços nesse sentido sejam dos mais extremados. E a morte é, sem dúvida, um momento de descontinuidade. Assim, tanto na conquista do êxito como na manutenção da continuidade, o esforço consciente do homem tem que enfrentar um "limite intransponível", além do qual ele não pode prosseguir.

Mas o homem sente que, mesmo que haja momentos de descontinuidade e mesmo que o sucesso lhe seja negado, ele pode, ao menos, ter segurança durante o período da continuidade e através dos hiatos da descontinuidade. É para esse fator de segurança que é chamada nossa atenção no seguinte aforismo:

"Mata o desejo de conforto."

Desejar conforto é sem dúvida ansiar por segurança física, emocional, mental e espiritual. Queremos estar certos de segurança onde quer que estejamos. Queremos alguém que nos segure a mão durante a escuridão da descontinuidade. Tememos deixar-nos ir, entregar-nos àquela escuridão.

Assim, êxito, continuidade e segurança representam o campo de esforço consciente do homem. Em outras palavras, seu esforço consciente é tanto para obter êxito como para manter a continuidade ou estabelecer zonas de segurança. *LUZ NO CAMINHO* ressalta estes fatores de êxito, continuidade e segurança nos três aforismos seguintes. E, aqui, estes fatores nos são apresentados de uma forma mais sutil, de uma forma que é, por assim dizer, espiralmente superior. Isso é evidentemente para mostrar ao neófito que êxito, continuidade e segurança conduzem à frustração em todos os níveis; que há limitações que o esforço consciente não transpõe. A espiral superior de êxito, continuidade e segurança está indicada nas três sentenças seguintes:

"Mata todo o sentimento de separação.
Mata o desejo de sensação.
Mata a fome de crescimento."

O homem apega-se a um sentimento de separatismo por sentir que só se pode sentir seguro sendo uma entidade separada. A mente faz-nos crer que se nos estabelecermos numa posição fixa, ficaremos completamente a salvo dos impactos da vida. O fluxo da vida não nos perturbará naquele ponto isolado. Mas tal existência é impossível, porque permanecer onde o fluxo de vida não possa tocar, é, em verdade, estagnar. Todo o sentimento de separação implica, pois, estagnação. Assim, segurança através de um sentimento de separação só é possível numa condição de não existência. Tais esforços em busca de segurança são todos, portanto, destituídos de significado, pois se destinam ao fracasso. Compreender, por si mesmo, que tal isolamento nunca pode conduzir à segurança, é realmente matar todo sentimento de separatismo.

Depois, somos solicitados a matar todo desejo de sensação. Temos que ser então obtusos e mortos aos impactos da vida? O que é afinal desejo de sensação? É uma forma sutil de ânsia por continuidade. E continuidade é a manutenção de uma cadeia ininterrupta entre o desafio do meio ambiente e a resposta psicológica. Estar num estado de desafio sem qualquer reação mental corresponde a estar numa condição tormentosa e perturbadora. Evitamos as tormentas e perturbações buscando e mantendo uma cadeia ininterrupta de reações. Assim, "desejo de sensação" é um esforço da mente para evitar momentos de descontinuidade ou solidão. Mas, às vezes, os desafios da vida são tão prementes que se rompe a continuidade da cadeia de reações zelosamente guardada pela mente. Não há potencial de esforço mental capaz de evitar a chegada deste momento de descontinuidade.

Este livro de Misticismo solicita do peregrino espiritual que mate até a fome de crescimento. Se a fome de crescimento tem de ser morta, que incentivo resta ao neófito para avançar? Tem de se fazer a jornada espiritual sem incentivo algum? A fome de crescimento ajuda o candidato em sua jornada espiritual? Precisamos lembrar-nos de que a fome de crescimento é apenas uma forma sutil de ambição ou desejo de êxitos. O ser humano quer atingir alturas espirituais mais e mais elevadas. Mas por que deseja ele ascender mais e mais? Se há fome por mais e mais, é, provavelmente, porque quer sentir-se superior aos outros. E ele quer tornar-se relevante por seu sentimento de superioridade. Se puder mostrar aos outros que obteve êxito onde muitos fracassaram, ele assumirá uma posição de relevo. Assim, atrás da fome de crescimento há um desejo de êxito. Se a ambição é o degrau inferior da escada de êxitos, a fome de crescimento é o superior. Todavia, ambos pertencem ao mesmo processo.

Mas é possível realizar-se espiritualmente, satisfazendo a fome de crescimento? Pelo esforço consciente, não é possível nenhum crescimento ou expansão: – tudo o que é possível é apenas uma extensão da consciência. Todavia, a transformação espiritual representa uma dimensão superior da existência. É uma expansão da consciência. Como pertence a uma dimensão superior, ela está fora do alcance do esforço consciente. Como pode a mente, por seus esforços, atingir algo que transcende sua esfera de operações? Ela só pode encontrar aquilo que está dentro de sua própria esfera de continuidade. Mas uma dimensão superior não está incluída dentro da continuidade da dimensão inferior. É, pois, inatingível em termos da mente e de seus esforços conscientes. Quando o ser humano compreende isso, a fome de crescimento desaparece, pois ele sabe que aquilo pelo qual estava faminto, não era crescimento, mas apenas uma continuidade através do sucesso.

As possibilidades e as limitações do esforço consciente, discutidos neste capítulo, contêm a grande verdade mística das ascensões e quedas na vida espiritual. Podemos, sem dúvida, ascender até um determinado ponto pelo esforço consciente, porém, daí em diante, deverá começar a descer sobre nós uma força que está fora da esfera atingível pela mente. Essa descida ocorrerá, desde que estejamos abertos e sensíveis, tendo-nos despojado de toda ânsia por êxito, continuidade e segurança.

LUZ NO CAMINHO diz:

> "Cresce como a flor, inconscientemente, porém intensamente ansiosa para abrir sua alma ao ar. Assim deves avançar para abrires tua alma ao Eterno. Mas, é o Eterno que deve estimular a tua força e tua beleza, e não o desejo de crescimento. Pois no primeiro caso tu te desenvolverás na exuberância da pureza; no segundo te tornarás insensível pelo poderoso desejo de projeção pessoal."

O Eterno atraindo força e beleza é, certamente, o fenômeno da descida. Um mero esforço consciente cria um endurecimento de nossa natureza. Quando compreendemos a possibilidade e a limitação do esforço consciente, temos a transformação espiritual na exuberância da pureza. É nesta exuberância que se realiza o drama sacro de Ascensão e Queda.

Pelo esforço consciente, podemos apenas penetrar na Luz; é apenas no momento de suprema inconsciência, no momento de absoluta solidão, quando não estamos nem sequer com nós mesmos, que se dá o grande milagre de tocar a chama. É a hora da descida, em que o mar se introduz na gota de orvalho.

Mas como estar preparado para esta grandiosa hora da descida?

Capítulo IV

A descoberta da senda

Existem três preceitos Em *LUZ NO CAMINHO* que, à primeira vista, parecem totalmente sem sentido, em face do que se tem comentado até aqui. Tendo indicado ao neófito que ele precisa matar a ambição, o desejo de viver e o desejo de conforto, pede-lhe o livro o seguinte:

> **"Deseja ardentemente o poder.**
> **Deseja fervorosamente a paz.**
> **Deseja posses acima de tudo."**

Estes preceitos parecem absolutamente contrários às instruções dadas nos capítulos anteriores. Isolados, os três preceitos acima parecem indicar a via da magia negra. Examinados superficialmente e tomados em seu sentido absoluto, dão a impressão de se pedir ao neófito que se mova na senda do denso materialismo. Desejar ardentemente o poder e desejar posses acima de tudo – não é esta a via que a pessoa mundana escolhe, a fim de obter êxitos materiais? Estes preceitos parecem retornar ao êxito, à continuidade e segurança, depois de rejeitá-los nos capítulos anteriores do livro. Porque o poder vem com o êxito, como a paz e as posses vêm com a continuidade e segurança, respectivamente. Que deverá fazer o neófito? Deverá rejeitar a senda do êxito, continuidade e segurança, ou deverá trilhar na direção que eles indicam? O peregrino espiritual é, com efeito, lançado num torvelinho de confusão por estas instruções, aparentemente contraditórias.

Não há dúvida de que estes três preceitos não têm significado, se tomados isoladamente. Então, por que foram dados? A fim de compreender o seu significado, temos que examiná-los na base do aforismo que imediatamente os precede. Estes três preceitos vêm logo após a instrução que pede ao neófito "desejar o inatingível". Vimos no capítulo precedente que "o inatingível" é aquilo que não pode ser atingido pelo esforço consciente. "O inatingível" não deve ser confundido com o "além". Estando aberta e sensível àquilo que é "inatingível," a mente chega a uma condição em que ela nada mais vê que um profundo abismo e um amplo vácuo diante dela. Defronta-se com uma escuridão infinda. Nada há para suavizar o rigor daquela escuridão, pois não existe nenhum "além", donde possa vir um raio de luz para iluminar o caminho da mente. A mente está totalmente solitária sem nada em que se deter; o passado (o passado psicológico desvanecido pela compreensão das limitações do esforço consciente) e o futuro em parte alguma para ser percebido. Não encontra ponte alguma sobre o abismo, que a ajude a penetrar no desconhecido, e nem pode ela retornar, pois o passado, constituído de êxito, continuidade e segurança, se esvaiu com a compreensão de sua falsidade. O que a mente deve fazer ante este abismo escuro e aterrador?

É a condição da mente diante deste precipício, que foi descrita nos três preceitos acima. A condição atingida pela mente é de tremenda acuidade. Esta acuidade é indicada pelo uso de palavras tais como "ardentemente", "fervorosamente", e "acima de tudo". A mente se acha num estado de grande intensidade ou tensão. Está extraordinariamente alerta, está intensamente desperta, está atenta. Pois, como poderia a mente estar distraída à beira de um precipício? É o passado e o futuro que distraem a mente. Mas ambos desapareceram e, assim, nada mais resta do que uma ardente vigilância da parte da mente. Ela não pode adormecer à beira de um precipício, para não vir a cair no profundo abismo; nem pode mover-se, pois não há lugar algum para onde ir. A mente está alerta e, entretanto, imóvel, e é isso o que ocasiona o estado de tremenda acuidade. Esta acuidade ou ardente vigilância não se restringe simplesmente ao nível do pensamento. Ela abrange todas as faculdades humanas. Em outras palavras, o ser humano, em todo o seu ser, atingiu esta extraordinária vigilância. Por meio de qualquer das faculdades que ele possui, nenhum esforço o ajuda a encontrar o caminho. Assim, a acuidade de todo o ser humano foi descrita nos três preceitos acima citados.

"Desejar ardentemente o poder" descreve a acuidade ideativa do homem. O poder está associado às ideias – às operações pensantes da mente. O poder do pensamento tem sido reconhecido em todas as literaturas psicológicas e filosóficas do mundo. Qualquer poder que o homem exerça sobre o seu ambiente, ele o faz através de sua faculdade de pensar. À beira de um precipício espiritual, é, pois, natural que a mente deseje ardentemente o poder. Ela busca algum poder com o qual possa afugentar a escuridão. Ela compreendeu a nulidade dos seus próprios poderes. Ela procura ardentemente alguma forma de poder que possa valer-lhe. É esta tensão da mente que foi expressa na frase: "Deseja ardentemente o poder".

Se o poder representa a faculdade pensante, a paz refere-se às relações humanas. Ao defrontar-se com a escuridão onde caminho algum é encontrado, naturalmente o ser humano experimenta uma tensão também em nível emocional. A paz é uma condição de equilíbrio emocional. O peregrino espiritual "deseja fervorosamente a paz" nesta hora de aguda provação. Isto é, na verdade, sensibilidade emocional. Assim, nesta instrução se solicita ao neófito manter extraordinária receptividade no nível emocional.

Chegamos depois à terceira instrução deste grupo particular de aforismos que diz: "Deseja posses acima de tudo". Posses relacionam-se com coisas, exatamente como poder e paz se referem a ideias e pessoas, respectivamente. Portanto, esta instrução, tem vinculação com o estado dos sentidos físicos. Quando uma pessoa deseja posses acima de tudo, seus sentidos estão atentos e observadores, com receio de perder posses ou adquiri-las de qualidade interior. Todos os sentidos precisam estar muito sensíveis, e isso é o que deve acontecer quando se está à beira de um precipício.

Assim, as três instruções descrevem a condição do ser humano total, quando enfrenta uma situação crítica. Sua mente, emoções e sentidos têm que estar alertas, a fim de "captar o mais débil sussurro," no meio da escuridão circundante. Uma pessoa despojada do desejo de êxito, continuidade e segurança descobre que não há base alguma em que possa apoiar-se. Ela procura algum chão firme, no meio desta situação crítica. É esta busca de um chão firme que é caracterizada pela extraordinária sensibilidade da mente, das emoções e dos sentidos físicos. Todos os três se encontram numa condição de vigília incessante. Em nenhuma parte do seu ser, pode o peregrino espiritual permitir qualquer adormecimento. Tem que se manter em constante vigília durante toda a noite. Não é possível nem um cochilo à beira do precipício onde ele se encontra. Diante do inatingível, que é o desconhecido, o homem precisa estar plenamente desperto em todas as partes de seu ser.

É possível esta sensibilidade extraordinária ao peregrino espiritual, porque se desvaneceram todas as suas distrações sob a forma de êxito, continuidade e segurança. A mente distraída nunca pode ser sensível, por tender a lançar-se em várias direções. Esta sensibilidade resulta da compreensão humana das limitações do seu esforço consciente. Enquanto o homem atuar circunscrito aos limites de possibilidades do seu esforço consciente, menos encorajado se sentirá para enfrentar uma situação crítica. Na esfera do esforço consciente, o homem tende a distrair-se, devido às várias alternativas a sua vista. É somente quando todas as alternativas de uma situação são afastadas, que o problema se torna crítico. E a dissolução de um problema ocorre somente quando a mente não está em posição de lançar-se em caminhos alternativos. Pelo exame das esferas dos próprios esforços conscientes, pelo exame dos próprios esforços em prol do êxito, continuidade e segurança, é que se pode atingir o ponto crítico de um problema. Neste estado crítico, a mente é muito sensível, pronta a receber tudo quanto desça dos reinos que lhe são desconhecidos.

A questão é: Como podem nossos problemas ser dissolvidos neste estado de acuidade mental? Que acontece quando a mente está nesse estado? Somos então auxiliados pelos três preceitos que se seguem à instrução relativa ao desejo de poder, paz e posses.

Estes preceitos são:

> **"Procura o caminho.**
> **Procura o caminho, recolhendo-te para o interior.**
> **Procura o caminho, avançando ousadamente para o exterior."**

Enquanto a mente estiver presa ao movimento de escolher alternativas, não poderá encontrar o caminho. Na escolha de alternativas, a mente está apenas seguindo suas projeções. Uma mente assim tende a extraviar-se. A seguinte passagem dos escritos de Aswaghosa, o grande filósofo budista, esclarece este ponto específico. Ele diz:

> "Um homem que esteja desnorteado, extravia-se por causa de sua inclinação em seguir determinado rumo; e a única justificativa plausível

à sua confusão será a sua predileção por determinado rumo".

Apenas a mente em sua aguda sensibilidade, pairando sobre um precipício, está em posição de observar mesmo a mais leve insinuação vinda de reinos que lhe são desconhecidos. Achando-se em estado de solidão, é capaz de ouvir o mais débil sussurro proveniente do inatingível. Desde que não esteja ocupada com seus próprios interesses, a mente é perfeitamente acessível e responsiva. A instrução "Procura o caminho" é evidentemente dirigida a uma mente assim, e não a uma mente empenhada em seguir uma direção particular.

Mas qual será o campo de observação para essa mente? É o que está indicado nos dois preceitos seguintes, que falam de "retirar-se para o interior" e de "avançar resolutamente para o exterior".

O neófito é convidado a procurar o caminho retirando-se para o interior. Mas o que há para ver no interior, quando os desejos de êxito, continuidade e segurança se foram e percebem-se as limitações do esforço consciente? Se a mente ficou despojada de todo o seu conteúdo, que resta para ser visto no seu interior? Mesmo quando a mente estiver esvaziada de todo o seu conteúdo, ela ainda abriga o desejo de definir este vazio. Definir uma experiência é o último frenético esforço da mente para apegar-se a alguma coisa. Em circunlóquios, ela pode recomeçar todas as suas atividades em prol da segurança, continuidade e êxito. Para definir algo, a mente tem que estabelecer um centro de reconhecimento. É neste centro de reconhecimento que ela tenta estabelecer-se para escapar à solidão que de outro modo ela enfrentaria. Definir uma experiência é como se a mente se agarrasse a uma palha, com medo de ser tragada pela escuridão envolvente. Solicita-se, então, ao neófito que se retire para o interior, a fim de observar se a mente está ocupada neste processo sutil de definir a experiência do vazio. Se ela estiver, o caminho não pode ser encontrado, porque a mente seguirá somente a direção indicada por suas projeções. Não é necessário dizer que na própria percepção deste processo de definição, no qual a mente está empenhada, cessa tal processo. Isto é o que sugere a frase: "Procura o caminho, recolhendo-te para o interior". É nesta busca que a mente se liberta até da mais sutil de suas projeções.

Quando a mente abandonar o processo de definir uma experiência e o ato de definir mesmo a experiência do vazio, então o neófito poderá "buscar o caminho avançando resolutamente para o exterior". Quando pode alguém avançar resolutamente? Apenas quando não houver nada que o retenha. Quando não houver projeções da mente, nem mesmo a mais sutil, retendo o neófito, então, e somente então, ele poderá avançar resolutamente.

Buscar o caminho avançando resolutamente para o exterior é ter um conceito absolutamente objetivo da vida. Significa ver as coisas tais como elas são. Não somos capazes de avançar resolutamente, porque as projeções da mente nos retêm. E estas projeções nos impedem de ver as coisas em sua real perspectiva. A fim de avançar resolutamente para o exterior, devemos ter uma "reta percepção das coisas objetivas". Sem esta reta perspectiva, nosso avanço resoluto pode nos acarretar sérios danos. É somente num conceito objetivo da vida que podemos ouvir o mais leve sussurro. O caminho só poderá ser encontrado quando silenciarem as vozes da mente. Quando o neófito se retira para o interior, a fim de observar as mais sutis tentativas da mente, para procurar segurança definindo uma experiência, surge, então, esta condição de silêncio. E quando o silêncio reina no interior, o neófito está apto a ver as coisas tais como elas são. Com o fim de todos os centros de reconhecimento psicológico, a mente está completamente livre e é somente uma mente livre que pode avançar resolutamente. Quaisquer que sejam os incidentes e acontecimentos da vida, essa mente está apta a ver o caminho. Ela não se esquiva de nenhuma experiência, porque não pode ser tolhida em parte alguma, nem por coisa alguma. É a mente presa a um ponto imóvel, a mente com centros de interesse psicológico fixos, que receia mover-se.

Uma mente livre não sente nenhuma sujeição, nem compulsão do *Karma*. É perfeitamente objetiva em suas experiências com a vida, não se identificando, nem sentindo repulsa por qualquer situação.

LUZ NO CAMINHO diz:

> "Portanto lembra-te de que a veste maculada que hoje evitas tocar pode ter sido tua ontem, ou pode ser tua amanhã. E se dela te desviares com horror, quando lançada sobre teus ombros, tanto mais firmemente grudará em ti. O homem que se tem por justo cria para si um leito de lama".

Avançar resolutamente para o exterior requer que se esteja liberto mentalmente de todo interesse fixo. O homem farisaico nunca avança resolutamente para o exterior, porque tem seu interesse fixo na virtude à qual ele se apega, temendo ser despojado dela. Quem está consciente de sua virtude, fica preso à mesma. Ela se lhe torna um centro de resistência, de forma que ele se esquiva de todas as experiências que ameacem despojá-lo daquilo que zelosamente guarda. Avançar resolutamente para o exterior é possuir uma mente livre de todos os processos de justificação e condenação. Para tal pessoa o *Karma* não infunde terror, pois ela é capaz de ver claramente o seu caminho, por mais densa que seja a selva de incidentes e acontecimentos que constitui sua vida diária.

A mente livre e que não está presa a nenhuma ideia, não teme o precipício sobre o qual paira. A escuridão não é, em absoluto, escuridão para uma mente livre até do processo de definir uma experiência. A escuridão parece medonha à mente que a definiu. Depois de tê-la definido, a mente se esquiva dela, condenando-a como algo perigoso e medonho. Mas quando o processo de definir tiver cessado, a mente estará apta a perceber o "que é" em perfeita objetividade. Avançar resolutamente para o exterior é deveras uma rendição ao que é – uma rendição totalmente inconsciente. Quando podemos ver as coisas e os acontecimentos tais como são, então estas coisas e acontecimentos nos comunicam os seus segredos. É no silêncio da solidão, quando não houver movimento de pensamentos, que ocorrerá o misterioso acontecimento, que "provará que o caminho foi encontrado". Este é o emocionante momento da descoberta, a sagrada hora em que a flor desabrochará.

É através da rendição inconsciente da mente ao desconhecido e ao inatingível, que advém a emocionante experiência da descoberta. É neste momento de capitulação que o homem sabe que "encontrou o início do Caminho". Tendo sido sacudido pela tormenta, tendo enfrentado a solidão, e tendo se submetido ao inatingível, desponta o grande momento da descoberta. *LUZ NO CAMINHO* descreve assim este momento:

> "Não importa como tu a chames; é uma voz que fala onde não há ninguém para falar – é um mensageiro que vem, um mensageiro sem forma nem substância; ou antes, é a flor da alma que se abriu".

A descoberta do caminho é, certamente, o desabrochar da flor da alma. É na inconsciente submissão ao inatingível, na hora de absoluta solidão, que ocorre o misterioso acontecimento.

A senda foi descoberta e agora precisamos começar a palmilhá-la.

Capítulo V

O combatente e o guerreiro[2]

A primeira parte de *LUZ NO CAMINHO* nos conduz à descoberta da senda, através da tormenta, da solidão e da submissão. Na segunda parte, o livro trata do palmilhar da senda. Certamente, não podemos percorrer a senda antes de descobri-la, e, contudo, esta verdade evidente é esquecida pela maioria das pessoas que se esforçam freneticamente para trilhar a senda espiritual. Quando tentamos palmilhar a senda antes de descobri-la, é que surgem os problemas de disciplina e esforço. Uma compreensão intelectual que, em última análise, é apenas familiaridade com palavras, não é o que se possa denominar descoberta. Podem-se colher todas as informações acerca da senda, pela leitura ou por ouvir dizer, porém tal coleção de informações, de modo algum, pode ser considerada uma descoberta. A maioria das pessoas se prepara para trilhar a senda com base nas informações colhidas.

---

[2] Guerreiro como estrategista, veterano na arte militar.

Não é de admirar que esse palmilhar resulte em cansaço, exaustão ou frustração. O elemento alegria se esvai quando se tenta trilhar a senda antes da descoberta. Percorrer a senda antes de descobri-la é apenas imitar um padrão particular de conduta indicada nos livros. É um esforço para moldar e ajustar a própria vida aos termos desse padrão. Isto é exatamente o que comumente se entende por disciplina. Mas um processo de imitação é despido de toda alegria criadora. E sem criatividade, a jornada na senda espiritual não tem sentido. Assim, a descoberta antes do candidato iniciar a sua jornada é de importância fundamental, porque é somente com base na descoberta que se pode sentir a alegria criadora da vida. Descobrir a senda é determinar o exato ponto de partida. Na descoberta chega-se ao "início do caminho." Giordano Bruno, o grande filósofo italiano, enunciou uma profunda verdade, quando disse "Se o primeiro botão de seu casaco está abotoado errado, todos os mais também o estarão". Descobrir a senda é descobrir se o primeiro botão de nosso casaco esta corretamente abotoado. Tendo descoberto o exato ponto de partida, o palmilhar a senda se torna natural e espontâneo, sem um elemento de forçar-se a procurar ser o que não é. O trilhar a senda parece exigir uma disciplina rígida somente quando não se encontrou o exato ponto de partida.

No *Bhagavad-Gitā*[3] há um enunciado que diz:

> "De qualquer modo que os homens venham a Mim, Eu lhes dou as boas-vindas, porque qualquer caminho que eles escolham é Meu caminho".

Este enunciado sugere que existem inumeráveis caminhos para a Realidade, e assim não importa de onde partimos? Examinando superficialmente esta sentença, parece que a descoberta de um exato ponto de partida não é, afinal, bastante essencial. Como que contradizendo isso, há um enunciado num dos *Upanixades*[4] que diz: "Não há nenhum outro Caminho para seguir", significando com isso, claramente, que só existe um Caminho para a Realidade. Como se podem reconciliar estes dois enunciados? Há muitos caminhos para a Realidade, ou apenas um? Por muito estranho que pareça, ambos estes enunciados estão absolutamente certos. Não há dúvida de que há tantos caminhos, quantos são os indivíduos, porém cada um pode tomar somente o caminho que ele próprio descobriu. Assim, não há outro caminho para seguir, a não ser o que é descoberto pelo indivíduo. Mas, desde que a

3 Editora Teosófica, 1ª ed., 2010. Brasília-DF. (N.E.)

4 Veja *O Chamado dos Upanixades*, Rohit Mehta, Editora Teosófica. 1ª Ed., 2003. Brasília - DF. (N.E.)

descoberta tem que ser individual e não coletiva, haverá tantas descobertas quantos forem os indivíduos. E assim o ponto de partida da jornada espiritual diferirá de indivíduo para indivíduo, e, contudo, cada ponto de partida terá sua fonte de emanação somente naquilo que o indivíduo descobriu. Não há, com efeito, outro caminho para seguir, a não ser o caminho que cada um descobriu por si.

Mas, afinal, o que significa descoberta? Em primeiro lugar, a descoberta pode ser apenas em relação àquilo que existe. Noutras palavras, a existência deve preceder a descoberta. É completamente óbvio que não podemos descobrir aquilo que não existe. A mente pode inventar algo que não existia antes, porém nesse caso a invenção da mente e a descoberta são duas coisas diferentes. Uma invenção é produto da mente enquanto que a descoberta é a percepção daquilo que já existe. Há um outro fator essencial à compreensão daquilo que é conhecido como descoberta: é que a descoberta implica ver algo pela primeira vez. Reunindo dois conceitos, pode-se dizer que a descoberta significa ver pela primeira vez algo que já existe. Pode haver ao nosso redor grande número de coisas que ainda não descobrimos, porque não as vimos. É desnecessário dizer que só podemos descobrir uma coisa quando a vemos. A não ser que haja percepção em nossa consciência a respeito de uma coisa existente, não poderá haver nenhuma descoberta relacionada com essa coisa. Em suma, a observação é fundamental para a descoberta.

Ora, a descoberta de uma coisa física difere da descoberta de um fenômeno psicológico. Estamos discutindo aqui o problema da descoberta da senda espiritual. E a senda espiritual não tem localização física – é um fenômeno psicológico. Um objeto físico é relativamente estático, porém um fenômeno psicológico é intensamente dinâmico. Está num estado fluídico. É tão dinâmico que se desejarmos vê-lo onde estava, já não o poderemos ver. Deslocou-se de onde estava. Nossa posição psicológica difere a cada novo momento; não tanto quanto a seu padrão, mas quanto a seu conteúdo. Uma vez que a senda espiritual não se situa fora de nossa existência diária e que a posição psicológica dessa existência muda constantemente, a senda tem que ser redescoberta novamente, de momento a momento. Descobrir é na realidade destapar. A senda fica encoberta na nova posição e é por isso que sua descoberta constitui um processo constante. Mas não se tornará cansativo e monótono esse processo de constante descoberta? A monotonia e a descoberta nunca andam juntas. A descoberta traz em si uma sensação. Ainda que a senda tenha que ser descoberta a cada momento, cada momento dessa descoberta é repleto de uma experiência emocionante. O neófito terá a sensação de ver o caminho pela primeira vez, toda vez que o descubra na nova posição psicológica.

A senda espiritual brinca de esconde-esconde com o neófito. Na mitologia hindu há um episódio em que o Senhor Shri Krishna brinca de esconde-esconde com as *Gopīs* (pastoras de vacas). As *Gopīs* sentiam como se estivessem vendo Shri Khrishna pela primeira vez sempre que o descobriam nesse brinquedo de esconde-esconde. A sensação da experiência das *Gopīs* era tal que o processo de descobrir Shri Krishna nunca lhes parecia pesado ou monótono. Este episódio ilustra a grande verdade mística da alegria de descobrir constantemente o caminho em meio de posições psicológicas sempre cambiantes.

É este elemento de constante descoberta do caminho que diferencia a espiritualidade da moralidade. A moralidade é um movimento em função de um código estabelecido. É um ajustamento à estrutura ou padrão de vida. De outro lado, a espiritualidade está relacionada com a descoberta do conteúdo ou espírito animador de uma estrutura, e como tal, envolve uma vida que é vivida de momento a momento. A espiritualidade não lida com generalizações da vida; lida com individualizações da vida. Mas na vida espiritual não estamos então relacionados com os problemas da ira, cobiça, inveja, etc.? E não é a ira uma generalização de um particular estado psicológico? É verdade que há um fator de generalização no estado conhecido como de ira. Mas tal generalização existe somente no nível verbal. Mesmo que usemos a palavra "ira" para distinguir um estado particular, o conteúdo da ira difere de indivíduo para indivíduo. Não somente isso, cada incidência da ira tem uma individualidade própria. Entre as diversas incidências da ira, o fator comum é somente a palavra. Mas a palavra ira não é em absoluto ira – é o conteúdo de um incidente ou acontecimento que é ira. E o conteúdo da ira não se presta a generalizações.

Desde que cada momento psicológico tem uma individualidade própria e desde que nossa posição psicológica é um fenômeno sempre cambiante, a senda espiritual tem que ser descoberta a cada momento. Em meio à nossa existência diária temos que encontrar constantemente o caminho. E o segredo do encontro do caminho foi descrito na primeira parte de *LUZ NO CAMINHO*. É na submissão do homem ao desconhecido e ao inatingível que ocorre o misterioso acontecimento, o qual "comprovará que o caminho foi encontrado". E tal submissão somente vem no momento de absoluta solidão, causada pelo rugir das tormentas psicológicas, que arrancam violentamente o homem das próprias raízes de sua existência. A descoberta da senda ocorre somente em momentos de completa solidão.

Mas a descoberta da senda constitui apenas o ponto de partida da jornada. A totalidade da senda resta ainda por palmilhar. É necessário lembrar-nos de que na perspectiva da descoberta o percorrer da senda se torna motivo de intensa alegria. A mente, saturada pela sensação da descoberta, está apta a dar sua completa e total atenção a cada detalhe relacionado com o trilhar da senda. Há uma nova força, que o neófito sente dentro de seu coração por causa desta descoberta. *LUZ NO CAMINHO* diz:

> "O silêncio pode durar um momento ou prolongar-se por mil anos. Mas terá fim. No entanto, levarás contigo a força dele".

A descoberta ocorre na autossubmissão que se segue a uma solidão ou silêncio absolutos. Este momento de silêncio pode ser breve ou longo – a duração não importa – contudo revelará ao homem uma visão que encherá todo o seu ser. O momento de silêncio é certamente o momento de renovação do homem. A nova força que ele obteve da visão o capacitará a palmilhar a senda com um cântico em seu coração.

Pode-se dizer que a descoberta da senda é uma caminhada para Deus, o Mestre ou a Verdade, ao passo que a caminhada na senda é uma jornada com Deus, o Mestre ou a Verdade. Quem descobriu a senda, segue-a em companhia do próprio Mestre. O Mestre caminha com ele – e nestas circunstâncias, pode ser cansativo o palmilhar da senda? A descoberta da senda é em realidade a descoberta do Mestre, da Verdade ou de Deus. Desde o momento dessa descoberta, assume nova significação cada detalhe de nossa existência diária, onde somente a caminhada da senda deve ocorrer. Porém a jornada com o Mestre não é possível sem a descoberta do Mestre. *LUZ NO CAMINHO* diz:

> "Porque, quando o discípulo está pronto, o Mestre também está pronto."

A prontidão do discípulo consiste em sua completa autossubmissão, que é, realmente, o estado em que ele descobre o Mestre. É daquele momento em diante que o Mestre caminha com o discípulo. A senda não é mais uma senda de Dor; é uma senda de indescritível Alegria. É esta jornada com o Mestre que foi descrita nos três aforismos seguintes, com os quais começa a segunda parte de *LUZ NO CAMINHO*:

> **"1 – Mantém-te apartado da batalha que se aproxima e, embora lutes, não sejas tu o Guerreiro.**
> **2 – Procura pelo guerreiro e deixa que ele lute em ti.**
> **3 – Recebe suas ordens para a batalha e obedece-as."**

Este ponto nos recorda a instrução que Shri Krishna deu a Arjuna no campo de batalha. Este fora solicitado a ser um instrumento, um canal. Em outras palavras, fora chamado a ser um combatente, não um guerreiro. *LUZ NO CAMINHO* faz distinção entre um combatente e um guerreiro. Um combatente, nesta obra, é um agente, um canal do guerreiro. O guerreiro é a Realidade ou a Verdade transcendental, enquanto que o combatente representa a mente do homem. Ao trilhar a senda, se pudéssemos deixar a verdade resolver os problemas da vida, nunca falharíamos. Em vez disso, somos nós, dentro de nossas capacidades mentais, que procuramos resolver o problema, e miseravelmente fracassamos na tentativa. A mente pode formular um problema, mas não pode resolvê-lo. Uma vez mais, estamos lidando com as possibilidades e as limitações do esforço consciente. *LUZ NO CAMINHO* diz:

"Procura o Guerreiro e deixa que ele lute em ti".

Em outras palavras, descobrir o guerreiro e agir como seu instrumento na execução de suas ordens. Se não procuramos o guerreiro, mas travamos a batalha com os recursos de nossa limitada percepção, estamos fadados a perdê-la. Nós fracassamos, muitas vezes, nas batalhas da vida, porque em lugar de atuarmos como combatentes, apropriamo-nos do papel de guerreiro.

Todavia a procura do guerreiro precisa ser constante. Se o perdermos de vista, mesmo por um momento, surgirão a confusão e o caos nas batalhas da vida. Mas a questão é: Se nós "nos mantivermos afastados da batalha que começa" e "procurarmos o guerreiro", não estaremos provavelmente sendo passivos em nossa abordagem total na vida? Não desenvolveremos a tendência de erguermos os olhos súplices para ele, a cada momento de dificuldade? *LUZ NO CAMINHO* nos aconselha a ter uma integração passiva na vida? Cabe-nos, aqui, entender claramente a dupla instruçao dada. Diz ela:

> **"1 - Procura pelo guerreiro e deixa que ele lute em ti.**
> **2 - Recebe as ordens dele para a batalha e obedece-as."**

Procurar o guerreiro é realmente um passo negativo. Podemos procurar o guerreiro – podemos descobri-lo – exclusivamente na autossubmissão nascida da completa solidão. É na negatividade absoluta que o guerreiro pode ser descoberto. Enquanto a mente visualizar possibilidade de esforço consciente, relativamente a um problema, o guerreiro deve permanecer oculto. É somente quando tiverem cessado os esforços da mente em direção ao êxito, à continuidade e à segurança, que o guerreiro pode ser descoberto.

Mas, *LUZ NO CAMINHO* não diz tão somente: "Procura o guerreiro". Também diz: "Deixa que lute em ti". Mas qual o significado de deixá-lo lutar em nós? Isto vem explicado no terceiro aforismo que pede ao neófito que receba as ordens do guerreiro para a batalha e as obedeça; o que constitui certamente uma aproximação positiva – porém o positivo está no bojo do negativo. No percorrer da senda, o neófito é solicitado a executar as ordens do guerreiro – e não as suas próprias. Devemos lembrar que nas batalhas da vida surgem complicações, porque somos nós que começamos a dar ordens. Não compreendendo suas limitações, a mente expede ordens para a batalha. Realmente, a agilidade da mente é tal que uma parte dela expede a ordem e a outra procura executá-la. A parte que emite a ordem é geralmente conhecida como a mente superior, e a parte que deveria cumpri-la é usualmente descrita como a mente inferior. É por sua fragmentação em duas que a mente se arroga o papel de um guerreiro. Mas o guerreiro não é a mente superior; ele transcende todos os reinos da mente. *LUZ NO CAMINHO* diz:

"Ele é tu mesmo, embora infinitamente mais sábio e mais forte do que tu".

Procurar o guerreiro é deixá-lo combater em nós, recebendo suas ordens e obedecendo-as, é certamente demonstrar positividade dentro da negatividade. "É a ação na inação", usando a frase de *Bhagavad-Gitā*[5], e isso é realmente o segredo de trilhar a senda. Em nossa vida diária temos que agir; de fato, nem mesmo por um instante pode o ser humano existir sem ação. Mas a ação será certa somente quando não formos o agente – porém apenas um instrumento, um canal. Quando Deus, a Verdade ou o Mestre é o agente e a mente o instrumento, então se produz uma linda e aprimorada canção da vida. É tão só quando cessamos de entoar a nossa melodia, mas fornecemos um instrumento, que o Maestro pode manifestar-se como divina harmonia através de nós. Propiciar um instrumento bem afinado – tal é realmente o segredo de nossa tarefa diária.

Ora, um instrumento bem afinado está tenso – com suas cordas esticadas – porque passou pelas tormentas da afinação e atingiu a solidão absoluta. Um instrumento afinado está sozinho, porque se mantém por si mesmo. É somente quando o instrumento, em seus momentos de tensão, se entrega completamente ao músico, que se torna possível a música divina. Quando o instrumento está pronto, o cantor também o está. Quando o guerreiro combate em nós, jamais se perde a batalha. *LUZ NO CAMINHO* diz:

[5] Editora Teosófica, 1ª Ed., 2010. Brasília - DF. (N.E.)

"Uma vez que ele tenha penetrado em ti e se tornado teu guerreiro, jamais te abandonará".

Assim é que, depois da descoberta, o neófito palmilha a senda em companhia do Mestre. Quando uma ação é realizada dentro da inação, então é o Mestre quem age através do discípulo. Tal é, com efeito, o significado do aforismo: "Ainda que lutes, não sejas o guerreiro". E com o Mestre ao nosso lado, jamais perderemos um só golpe. *LUZ NO CAMINHO* resumiu lindamente todo este problema do Combatente e do Guerreiro, na seguinte passagem:

> "Obedece-lhe não como se ele fosse um general, mas como se ele fosse tu mesmo, e como se as palavras dele fossem a expressão verbal de teus desejos secretos; pois ele é tu mesmo, embora infinitamente mais sábio e mais forte do que tu. Procura-o, pois, de outra forma, na febre e no fragor da batalha ele poderá passar por ti e não te conhecerá a menos que tu o conheças. Se teu grito chegar aos ouvidos dele, então ele lutará em ti e encherá o teu sombrio vácuo interior. E se assim acontecer, então poderás atravessar a

> luta calmo e sem desgaste, mantendo-te apartado e deixando-o combater por ti. Então ser-te-á impossível errar um só golpe. Se, porém, não o procurares; se por ele passares sem percebê-lo, então não haverá segurança para ti. Teu cérebro ficará tonto, teu coração vacilará e, na poeira do campo de batalha, tua vista e teus sentidos falharão, e não serás capaz de distinguir teus amigos de teus inimigos".

O vácuo criado pela solidão será preenchido pelo Mestre no momento da descoberta. E quando o Mestre é o Guerreiro lutando através do discípulo, a batalha é ganha, pois nenhum golpe pode falhar. O discípulo pode levar uma vida serena e infatigável, porque o Mestre se encontra sempre junto dele. Mas se o discípulo, ao invés de atuar como combatente, assumir também o papel de Guerreiro, então seu "cérebro vacilará" e seu coração "se sentirá irresoluto". Foi o que aconteceu a Arjuna, quando "na poeira do campo da batalha", sua visão e seus sentidos falharam, quando ele atirou as armas recusando-se a combater. Arjuna era o mais bravo dentre os bravos e, contudo, seu coração se tornou irresoluto e seu cérebro começou a vacilar. E assim se dirigiu ao Senhor Shri Krishna, no campo de batalha:

"Meu coração está aflito com o vício da pusilanimidade; minha mente está confusa quanto ao dever".

Por que aconteceu isso a Arjuna, no campo de batalha? Porque ele olvidou o seu papel. Pensou que era o Guerreiro, quando de fato, fora solicitado a ser somente um Combatente. O tema todo de *Bhagavad-Gitā*[6] gira em torno deste conceito do Combatente e do Guerreiro, da ação na inação. No campo de Kurukshetra, Shri Krishna não combateu; Ele era o Guerreiro – o Grande Cocheiro. Arjuna era o Combatente, porém a batalha foi ganha somente quando ele lutou como um instrumento, um canal do Guerreiro. Quando ele percebeu sua confusão mental, quando compreendeu que estava assumindo o papel do Guerreiro, então declarou: "Obrarei de acordo com Tua palavra". Quando Arjuna reconheceu o Guerreiro e deixou-o lutar nele, – quando recebeu do Guerreiro as ordens da batalha e obedeceu-as – foi então ganha a grande batalha. Arjuna representa o valor do homem, as possibilidades do esforço consciente, o elemento de ação, enquanto que Shri Krishna representa a inação e simboliza o Espírito Transcendental, que é inatingível e, portanto, está fora do alcance do esforço consciente do ser humano. Quando há uma coexistência da ação e da inação, do positivo e do negativo – en-

[6] Editora Teosófica, 1ª Ed., 2010. Brasília-DF. (N.E.)

tão o trilhar da senda é uma jornada com o Mestre. Acertadamente é dito *Bhagavad-Gitā:*

"Aonde quer que esteja Krishna, o Senhor do *Yoga*, aonde quer que esteja Partha, o arqueiro, estarão asseguradas a prosperidade, a vitória e a felicidade".

Se durante o palmilhar da senda, através dos incidentes e acontecimentos da existência diária, o ser humano puder realizar o milagre da ação na inação, o milagre da coexistência do Guerreiro e do Combatente, então lhe estará garantida a vitória na batalha da vida, porque não falhará nenhum golpe.

Mas é possível a ele realizar este milagre em meio de sua existência mundana?

Capítulo VI

O silêncio criador

O segredo do palmilhar da senda foi indicado ao neófito logo no primeiro aforismo com que começa a segunda parte de *LUZ NO CAMINHO*. Segundo esta instrução, o peregrino espiritual deve tornar-se um instrumento, um foco, para a expressão do Espírito Transcendente. Ora, um instrumento para ser eficaz precisa ter tanto qualidades negativas como positivas. Primeiro, tem que estar bem afinado, e segundo, nesta condição afinada, tem que estar completamente submisso ao cantor. Como já vimos, nisto consiste a ação na inação.

LUZ NO CAMINHO dá grande destaque às qualidades negativas e positivas de um instrumento eficaz. Consistem na descoberta da senda e no palmilhar da senda. Procurar o Guerreiro é descobrir a senda; receber suas ordens e obedecê-las é palmilhar a senda. Em outras palavras, o peregrino espiritual precisa distinguir claramente entre o Combatente e o Guerreiro. Ora, há dois perigos em não se compreender claramente os papéis do combatente e do guerreiro. Se esperarmos que o guerreiro se torne o combatente, então recaímos numa total passividade, na inação. Da mesma forma, quando o combatente se arroga o papel do guerreiro, então sobrevêm a confusão e a frustração. O religioso comum é sujeito ao primeiro perigo, porque espera que Deus batalhe por ele; sem entender claramente as possibilidades do esforço consciente, ele espera passivamente pela descida da graça de Deus. Mas o idealista cai vítima do segundo perigo, porque, sendo demasiadamente positivo, não compreende as limitações do esforço consciente do ser humano. Enquanto o religioso comum não é consciente de sua própria força, o idealista está demasiado seguro de seus próprios poderes. O primeiro encara a negatividade como significando extrema passividade, ao passo que o segundo confunde positividade com superconfiança.

Nas batalhas da vida o ser humano pode apoiar-se na forma do guerreiro. Mas, não raro, em sua arrogância, ele se apega à sua própria e limitada força e assim, por ser superconfiante, perde muitas vezes no jogo da vida. Na grande epopeia hindu, o *Mahbharata*, há um incidente que ilustra adequadamente estas duas tendências: a da superconfiança em sua própria força e a da completa submissão à força Maior do Guerreiro. Quando as duas famílias reais dos Pandavas e dos Kauravas decidiram, finalmente, acertar suas diferenças recorrendo à guerra, ambas naturalmente buscaram o auxílio de Shri Krishna. Duryodhama, o chefe dos Kauravas, e

Arjuna, o incomparável combatente dos Pandavas, procuraram Shri Krishna, para solicitar o Seu auxílio. Ocasionalmente, chegaram quase ao mesmo tempo ao palácio de Shri Krishna, com Duryodhana alguns segundos antes de Arjuna. Quando atingiram os aposentos privados de Shri Krishna, encontraram-no repousando. Calcularam que não seria conveniente perturbá-lo, e assim esperaram junto à Sua cama. Duryodhama sentou-se numa cadeira, mais perto da cabeça de Shri Krishna, enquanto Arjuna, embora amigo íntimo de Shri Krishna, postou-se mais perto de Seus pés, com as mãos cruzadas. Quando Shri Krishna acordou, Seus olhos depararam em primeiro lugar com Arjuna, próximo a Seus pés. Isso tornou Duryodhana extremamente nervoso, pois temia que Shri Krishna escolhesse primeiro Arjuna. Por isso apelou a Shri Krishna que, como chegara ao palácio antes de Arjuna, lhe fosse outorgado o direito à primeira escolha. Mas, declarou-lhe Shri Krishna que, como ao acordar Ele vira primeiro Arjuna, era a este que deveria caber a primeira escolha, e, além disso, sendo Arjuna mais jovem, o direito de falar em primeiro lugar era seu. E assim Shri Krishna ofereceu a primeira escolha a Arjuna, dizendo-lhe: "Num lado está meu exército, composto de bravos e intrépidos soldados, incomparáveis em suas qualidades combativas, e no outro estou eu. Todavia, saiba a facção que me escolher: "Eu não combaterei". Ao ser solicitado que escolhesse, sem hesitação, Arjuna disse que a seu lado queria Shri Krishna e não o Seu exército. Imensa foi a alegria de Duryodhana por esta escolha, calculando haver feito Arjuna uma tolice, preferindo Shri Krishna a seu lado e rejeitando um exército de tão valorosos combatentes. Duryodhana se sentiu, pois, feliz por ter todo o exército de Shri Krishna a seu lado. Mas a história do *Mahabharata* diz que os Kauravas, com Duryodhana por Chefe, foram derrotados.

Este incidente contém uma profunda Verdade mística. Duryodhana combateu somente com sua própria força, superconfiante em sua bravura. Decidiu ser não apenas um dos combatentes, mas também o guerreiro. Ao escolher o exército de Shri Krishna, optou pela senda da quantidade. Estava certo de que, tendo a sua força quantitativa aumentada com a adição do exército de Shri Krishna, ele poderia derrotar os Pandavas. De outro lado, Arjuna ao escolher Shri Krishna, optou pela senda da qualidade. Arjuna não era um simples combatente; era, sim, o mais bravo dentre os bravos, e plenamente consciente das possibilidades de sua própria força. Mas queria que esta força fosse usada como um instrumento da Sabedoria Maior de Shri Krishna. Não queria que Shri Krishna travasse a batalha; queria-o como o Guerreiro. Se Shri Krishna pudesse ser o Cocheiro guiando a sua carruagem de guerra, isso bastaria a Arjuna. Fazer de sua força um instrumento para ser utilizado por Shri Krishna, era quanto bastava para Arjuna vencer o exército dos Kauravas. Travou a batalha, não somente com sua própria força, mas com a força de seu Mestre. À sua força, adicionou a benção de Shri Krishna. Ele teve a coragem de submeter sua própria força a seu Mestre. Ele demonstrou esta coragem ao escolher o Mestre e não o seu exército. Tinha fé em seu Mestre e assim podia depor a Seus pés tudo o que possuía. Compreendendo as limitações de sua própria bravura, foi suprido com a força de seu Mestre. Não o distraiu a quantidade, porque inabalável era a sua fé na qualidade. Esta é, certamente, a diferença entre o ser humano mundano e o ser humano espiritual. O mundano escolhe o mundo, porém o de penetração espiritual escolhe a qualidade. Este episódio no *Mahabharata* é um exemplo máximo de positividade dentro da moldura da negatividade.

Pergunta-se: Podemos exibir esta qualidade espiritual de ação na moldura da inação? Como manter-se equidistante dos dois extremos de superconfiança e completa passividade? Em meio às nossas atividades diárias, de que maneira podemos descobrir a inação como elemento moldurador?

É aqui que recebemos mais auxílio oriundo das instruções contidas no aforismo seguinte. *LUZ NO CAMINHO* solicita ao neófito "escutar a Canção da Vida".

Mas onde está a Canção da Vida? A vida é tudo menos uma

canção, para a maioria dos homens. É uma discórdia, um conflito, um esforço árduo. Há vinte e cinco séculos, o Senhor Buddha declarou que "há mais sofrimento do que felicidade". No meio de nossas atividades diárias, ouvimos muito ruído – porém pouca canção. Se nossa vida pudesse ser uma canção, haveria imensa alegria em trilhar a senda. Se nossas ações pudessem ser executadas dentro da moldura da inação, haveria a possibilidade de escutarmos a canção da vida. *LUZ NO CAMINHO* indicou que se pudermos procurar o guerreiro e deixá-lo combater em nós, então poderemos "resistir à batalha serenos e infatigáveis". Escutar a canção da vida é, com efeito, resistir à batalha com esta atitude serena e infatigável. Mas como se pode escutar a canção da vida em meio à pressa e angústia diárias?

A ideia da canção da vida não nos foi apresentada como gracejo ou para brincar com nossos sentimentos; foi apresentada ao neófito com toda a seriedade. Podemos compreender o sentido sério deste aforismo, apenas se o interpretarmos à luz dos dois que o seguem. Eis o grupo destes três aforismos:

> **"Escuta a Canção da vida.**
> **Guarda na tua memória a melodia que ouvires.**
> **Aprende dela a lição de harmonia."**

Com efeito, a vida pode tornar-se uma canção se pudermos ouvir a melodia e dela aprender a lição da harmonia. Que significa ouvir uma melodia? Melodia e harmonia são termos musicais. A música indiana é caracterizada por sua melodia, enquanto que a música ocidental tem a harmonia como sua característica dominante. Ora, melodia é uma sucessão de notas simples, enquanto que na harmonia há uma sucessão de notas simultâneas ou combinadas. Na sucessão de notas simples, há um movimento de uma nota fixa para a outra. Há, assim, um intervalo entre duas notas. Mas o encanto e a graça de uma melodia jazem não no início ou término da nota fixa, porém no intervalo entre estas duas notas. A originalidade do musicista, a riqueza de sua imaginação, consiste no que ele faz durante esse intervalo. É neste intervalo que se percebe a qualidade da música. A liberdade do musicista cinge-se a este intervalo, pois ele está limitado à manutenção das duas notas fixas. Ele não pode mudar a posição destas notas fixas. Mas, certamente, pode soltar as asas de sua imaginação no intervalo que separa as duas notas fixas. Assim, ouvir a melodia é estar atento ao intervalo entre as duas notas.

E assim, se quisermos escutar a Canção da Vida, devemos primeiro tornar-nos conscientes do intervalo entre dois sons – o intervalo entre duas ações. Não estamos aptos a escutar a canção da vida, porque ouvimos somente os sons e não o intervalo entre os sons; olhamos somente para as ações e não para os intervalos entre as ações. Ser consciente do intervalo é, com efeito, escutar o silêncio. Mas nunca escutamos o silêncio. Vemos, ouvimos, tocamos somente aquilo que é expresso: jamais escutamos o intervalo – o silêncio – entre duas expressões. Se nós escutássemos o silêncio uns dos outros, em vez de meramente escutar as palavras faladas, haveria maior compreensão e espírito de boa vontade nas relações humanas. Justamente, como numa melodia, o que importa é o intervalo entre duas notas, também na vida é o intervalo entre as palavras e ações que é da maior significação. É neste intervalo que se pode perceber a qualidade de um ser. Ouvir a melodia é, portanto, compreender a qualidade do ser humano e das coisas. *LUZ NO CAMINHO* pede-nos que guardemos em nossa memória a melodia que ouvimos. Isto significa obviamente, que precisamos não perder de vista a qualidade do ser humano e das coisas que havíamos percebido no "intervalo". Como no intervalo, nós percebemos as coisas como elas são em sua natureza intrínseca e original, a memória desta percepção é sem dúvida uma memória de fatos, e não a memória de projeções. Se a mente projeta alguma coisa no intervalo, então o intervalo deixa de ser um intervalo.

Este profundo livro de Misticismo solicita ao neófito que aprenda a lição da harmonia a partir da melodia que ouviu. Ora, vimos que melodia é uma sucessão de notas simples e harmonia é uma sucessão de notas simultâneas ou combinadas. Na harmonia, portanto, é a relação – ou ajustamento das partes – que é de importância fundamental. Quando se tocam notas simultâneas, cada parte precisa estar perfeitamente relacionada com as outras, senão haverá desarmonia e discordância.

Ora, para a relação perfeita das partes, é a memória de fatos que tem suprema importância. As relações humanas tornam-se infelizes e complicadas, quando se baseiam na memória de projeções, em vez da memória de fatos. A memória de fatos está enraizada na percepção do todo. Se não há percepção correta, é impossível a memória correta, e a percepção correta implica em ver as coisas como elas são, em ver o conjunto. Conhecer a qualidade de nosso ser é certamente conhecer o todo. Enquanto uma procura quantitativa implica em um exame das partes, é a procura qualitativa que significa a percepção do todo.

A qualidade ou totalidade de uma coisa é percebida, não na ação, não naquilo que está manifestado, porém no intervalo entre duas ações. É na pausa – uma pausa natural e não calculada – entre as duas ações que a qualidade ou totalidade pode ser compreendida. Diz *LUZ NO CAMINHO*: "A pausa da alma é o momento maravilhoso". Na pausa ou intervalo entre as palavras e ações desponta a visão singularmente maravilhosa do todo. E quando se percebe o todo, o ajustamento ou a relação das partes se torna fácil e sem esforço. Dentro da moldura do todo, o padrão das relações, no qual as partes são reunidas, revela uma linda harmonia. Só se pode aprender a lição da harmonia, quando se ouve a melodia. As partes que constituem os detalhes de nossa existência cotidiana só podem ser colocadas em seus lugares certos quando se percebe o todo. O padrão do *Karma* representa um grande enigma e um problema intrincado para nós, porque não conseguimos descobrir o lugar certo para onde deve ir cada detalhe de nossa vida. Colocar cada detalhe no lugar certo é de fato a lição da harmonia.

O mistério da Parte só pode ser resolvido quando se percebe o Todo. É a esta percepção do Todo que *LUZ NO CAMINNHO* nos conduz no aforismo seguinte.

Capítulo VII

O murmúrio da alma

Todo o problema da vida do homem espiritual gira em torno de dois temas: a visão do todo e o exato ajustamento das partes. A luta diária do homem visa, com efeito, enquadrar no lugar próprio cada detalhe de sua existência. Isto é verdadeiramente o problema da escolha, o problema do bem e do mal. Porque aquilo que está em seu lugar próprio é o bem, e o que não está em seu lugar próprio é o mal. Mas como se pode saber o lugar próprio de alguma coisa, a não ser em função do todo? Sem a percepção do todo, o único método que o homem pode empregar para o ajustamento das partes é o método das experimentações. Mas isso é um processo infindável, especialmente porque a situação psicológica do homem muda constantemente. O que está certo numa situação pode não estar numa situação modificada. Assim, na atmosfera psicológica não pode haver código estabelecido, nenhuma fórmula fixa, indicando de maneira absoluta o que está certo ou errado, isto é, de uma maneira aplicável a todas as circunstâncias. Deverá haver, assim, uma percepção constante do Todo. Em cada situação o todo tem que ser descoberto de novo.

Já vimos que o todo só pode ser descoberto no intervalo – no silêncio – entre dois sons. Em outras palavras, é somente na medida em que ouvimos a melodia, que obtemos a percepção do todo. E quando se ouve a melodia, é fácil aprender a lição da harmonia – a lição de estabelecer relações corretas entre as partes. A questão de importância fundamental na vida espiritual é, portanto, ouvir a melodia e escutar o silêncio, perceber o "intervalo". É no intervalo que está a chave de compreensão da vida. E o intervalo denota descontinuidade. Assim, não é a continuidade, e sim, a descontinuidade, o que revela o significado e a importância da vida.

Como escutar o silêncio entre dois sons? A instrução que *LUZ NO CAMINHO* dá ao neófito, é a seguinte:

> **"Observa com seriedade toda a vida ao teu redor.**
> **Aprende a perscrutar inteligentemente os corações dos homens.**
> **Observa o mais ardorosamente possível o teu próprio coração."**

Somos solicitados a observar ardorosamente a vida toda que nos rodeia, não uma expressão particular de vida, mas a vida onde quer que ela se expresse. Isso requer uma extraordinária percepção da vida em todos os diversos níveis de sua expressão, e somente é possível sob condições de sensibilidade física, capacidade de resposta emocional e acuidade mental. A não ser que seja aberto e responsivo em todo o seu ser – o indivíduo não se aperceberá da vida toda que o rodeia – e sem tal percepção, tornar-se-ia impossível uma ardorosa observação de todas as expressões da vida. Perceber toda a vida que nos rodeia, implica expandir as áreas de nossos próprios interesses. Sem um profundo interesse na vida, é inconcebível uma ardorosa observação de suas expressões.

Ora, usualmente nosso interesse por qualquer coisa toma a forma de identificação ou de condenação. Deve-se notar que a condenação é, também, uma forma de identificação, – pois é uma identificação com o oposto daquilo que condenamos. Mas se o nosso interesse por uma coisa, pessoa ou ideia nasce da identificação, então ele é apenas uma reação de nossas esferas de hábito. Tal reação pode ser positiva ou negativa; no caso da condenação, manifestamos uma reação negativa. É desnecessário dizer que todas as reações emergem de certos centros fixos da mente, e um centro fixo da mente é o seu hábito. Mas um hábito invariavelmente embota tanto a mente como os sentidos, e esse embotamento lhe acarreta uma perda de perspectiva. Um interesse nascido do hábito pode não ter profundidade ou ardor em si. Uma mente condicionada pelo hábito é preguiçosa ou indolente: ela se move somente dentro dos limites de seus trilhos. Nada fora desse âmbito a interessa. É bem evidente que uma mente assim não pode observar ardorosamente a vida que a rodeia. A mente que se confina ao âmbito de seus interesses, perde o senso de proporção, e desse modo superestima uma parte. Os fatores condicionadores do hábito a impedem de ver o conjunto.

A vida espiritual é essencialmente uma peça de bela arquitetura. Existe nessa arquitetura uma harmonia, um senso de proporção. Nenhuma parte ali é superestimada ou subestimada. Cada detalhe de tal arquitetura se acha em seu lugar próprio. Quando uma parte ocupa o seu lugar certo, então misteriosamente o todo brilha através daquela parte. E quando o todo brilha através dela, torna-se tremendamente significativa. Numa peça harmoniosa de arquitetura cada parte, mesmo o mínimo detalhe, é significativa, devido à presença do todo. Ora, quando cada coisa brilha com a significância do todo, surge então uma natural e ardorosa consideração por toda a vida que nos rodeia. É o todo que comunica significado à parte, e uma parte se torna significativa somente quando ela ocupa o seu lugar adequado. Em nenhum outro lugar pode a parte brilhar com a significância do todo. É desnecessário dizer que é a presença do todo que atrai totalmente a nossa atenção. Não é o tamanho de uma coisa o que importa. A coisa, em si, permanecerá despercebida – não despertará nossa ardorosa observação – se nela o todo não estiver presente. E a mesma qualidade brilhará de cada detalhe, se o todo estiver presente. A diferença entre várias coisas será então apenas de quantidade e não de qualidade. Assim a instrução dada ao neófito para observar ardorosamente toda a vida que o rodeia, não pode ser cumprida sem a descoberta de um lugar próprio para cada detalhe de nossa existência. E descobrir um lugar próprio para cada detalhe é ter uma visão do todo. Como poderemos chegar a esta visão do todo?

Aqui *LUZ NO CAMINHO* pede ao neófito "aprende a olhar inteligentemente os corações dos homens". Olhar inteligentemente e olhar intelectualmente são duas coisas diferentes. Olhar intelectualmente é dissecar, analisar, examinar uma coisa ou um acontecimento, de um ponto de vista estrutural. O intelecto pode ensinar uma coisa somente por partes; tem uma visão estática, decompõe um movimento em diversas imagens estáticas. A inteligência, entretanto, tem uma visão dinâmica; pode abarcar muitas coisas simultaneamente, compreender o movimento, perceber o todo e, portanto, o lugar apropriado de cada parte.

Diz *LUZ NO CAMINHO*: "A inteligência é imparcial", mas o intelecto não o é. O intelecto tem um modo pessoal de encarar os homens e as coisas, porque é o produto do tempo. Ele funciona a partir do passado e em direção ao futuro. Opera dentro da esfera da continuidade, pois o pensamento é seu instrumento e o pensamento se radica e inspira no passado. Suas conclusões se baseiam no processo de comparação e contraste. Identifica-se com aquilo que evoca recordações agradáveis e condena aquilo que estimula recordações desagradáveis. E, assim, o julgamento do intelecto é pessoal, colorido pelas recordações do passado. Enquanto o intelecto reage a partir do passado, a inteligência age no presente. Podemos perscrutar inteligentemente apenas quando afastamos o julgamento do intelecto. Perscrutar inteligentemente dentro dos corações dos homens é ver o que é. Quando vemos as pessoas e as coisas tais como elas são, não podemos deixar de amá-las. A inteligência tem uma percepção direta, e, portanto, vê a natureza fundamental de todas as coisas. Vê o todo. Compreende a fonte de onde emanam as expressões da vida. O intelecto vê apenas as expressões externas, aquilo que é manifestado. Mas a inteligência perscruta a própria fonte, e, portanto, seu julgamento se baseia na percepção do todo. Perscrutar inteligentemente os corações dos homens é ver a fonte da ação e não simplesmente o seu padrão. Na fonte se achará a natureza intrínseca de todas as coisas. O padrão da ação pode ser rude ou refinado, porém a fonte contém a natureza original das coisas. Nosso julgamento de qualquer padrão de ação será falível, enquanto não tivermos percebido a natureza original do executor da ação. A natureza original do executor é seu *dharma*. Uma ação emanada deste centro ou fonte é natural e espontânea. É a inteligência – não o intelecto – que nos capacita a ver a natureza original das coisas.

Como exteriorizar de dentro de nós esta inteligência de forma a habilitar-nos a perscrutar os corações das pessoas? É somente a pessoa que possui inteligência que pode palmilhar a senda. Somos levados à compreensão do problema à medida que examinamos o terceiro aforismo deste grupo particular, que diz:

"Observa com muita seriedade o teu próprio coração."

Num exame superficial, esta instrução parece radicar-se no egoísmo. Observar nosso próprio coração não é uma maneira de visar interesses próprios? Mas um exame mais profundo desta instrução tende a projetar intensa luz no problema da inteligência. Que significa este aforismo que nos pede para observar muito seriamente nosso próprio coração? Pede ao neófito que seja sensível aos estímulos de seu próprio coração. Na maioria das vezes, ouvimos a mente e nunca o coração.

Escutar o coração não é tornar-se sentimental, nem significa uma reação emocional ou impulsiva às circunstâncias da vida. Só escutamos o coração depois de afastados os motivos do pensamento e da emoção, e suas projeções. O coração fala apenas a uma mente purificada. Em sua natureza intrínseca todas as coisas são absolutamente puras; somente quando algo gruda nelas é que surge a impureza. A mente torna-se, pois, impura quando o resíduo de uma ação incompleta gruda nela. Noutras palavras, é a memória psicológica que torna a mente impura. Quando a mente corruptível se reveste de incorruptibilidade, então ela se torna sensível aos estímulos do coração.

O coração é, com efeito, a sede da intuição espiritual. A inteligência é aquele estado de consciência humana, que é aberto e sensível ao murmúrio do espírito. Uma das instruções dadas ao aspirante espiritual é que aprenda a meditar no coração. Ora, meditar no coração é ser sensível aos estímulos da intuição espiritual. Meditar no coração é tornar a mente pura e transparente. É a esta mente purificada que o coração transmite o seu segredo, e à luz deste segredo todas as coisas se tornam significativas. Aquele que possui este segredo observa ardorosamente toda a vida; nutre profundo respeito por tudo e por todos, pois aprendeu a perscrutar inteligentemente a essência de todos os fenômenos.

Se, enquanto palmilha a senda, em meio às ocupações diárias, o homem puder ouvir os estímulos do coração, nunca perderá o caminho. Porém os estímulos do coração precisam ser obedecidos. O neófito precisa "observar o mais seriamente possível" os estímulos de seu próprio coração. Em uma dada situação, na solução de um problema, o coração fala somente uma vez, e assim mesmo, num murmúrio. Se a mente é insensível ao murmurar do coração, então o peregrino espiritual tem de lutar e mourejar na escuridão, e cada um destes movimentos na escuridão tende a extraviá-lo. Desatender aos estímulos do coração e rejeitar a orientação da intuição é seguir a senda indicada pelas projeções da mente. Mas a mente está presa à escuridão da continuidade. Nenhuma transformação espiritual fundamental pode nascer de seus esforços. Sua luz é somente "escuridão tornada visível".

Mas a luz do espírito brilha sempre em nosso meio. Perceberemos esta luz quando as barreiras da mente forem afastadas. É somente depois de interrompida a continuidade da mente, é somente nesse intervalo, nesse momento de descontinuidade, que se pode perceber a Luz Inefável e compreender o mistério de seu brilho. Se apenas pudermos ouvir os estímulos do coração em meio a nossas atividades diárias, o palmilhar da senda será então uma indescritível alegria. Como podem as barreiras da mente ser afastadas, de modo que aquela Luz Eterna possa nos ser concedida?

Capítulo VIII

As três indagações

É na vida diária de luta e esforço, na rotina da existência cotidiana, que se há de palmilhar a senda espiritual. A senda não está nem física nem suprafisicamente fora de nossas atividades de cada dia. E então, é aí que se precisa estar atento às inspirações do coração, ao murmúrio do Espírito. Se este murmúrio se tornar nosso guia, temos a garantia de uma jornada segura ao longo da rota perigosa. Mas, se deixarmos de ver "o Seu mais leve sinal no meio da multidão", então certamente perderemos o caminho, pois estaremos à mercê das projeções da mente. O neófito precisa receber, constantemente, as ordens do Guerreiro no meio da batalha. A batalha não pode parar nem mesmo por um momento, nem se pode esperar que o Guerreiro empunhe as armas a seu favor. Ele tem de ser um combatente intrépido, e ainda que a luta seja árdua, exigindo toda a sua atenção, ele precisa estar vigilante para perceber o sinal do Guerreiro e receber as Suas ordens.

A senda espiritual é certamente perigosa, tão fina quanto o fio de uma navalha, e destruirá o peregrino, se o sono o dominar mesmo por um instante. As complicações da senda são tais que temos de examinar constantemente o nosso rumo. E é ao verificar o rumo que os ditames do coração têm valor essencial. Se o rumo não for investigado constantemente, o neófito pode desviar-se de seu caminho e ser levado a tomar veredas tortuosas. Isto é o que vem indicado no final de *LUZ NO CAMINHO*:

> **"A senda foi encontrada: prepara-te para trilhá-la".**

Preparar-se para trilhar a senda é ouvir os ditames do coração, é "observar ardorosamente o seu próprio coração." Mas a pergunta é: Como percorrer a senda? Há uma técnica especial, cuja aprendizagem capacita o neófito a percorrer a senda?

É preciso lembrar-se de que em assuntos espirituais, como em outros, a pergunta "Como?" – não é menos importante que a pergunta "Que?" e "Por que?". As duas últimas perguntas são as que conduzem o ser humano à descoberta – e uma vez descoberto o caminho, a pergunta: "Como percorrê-lo?", torna-se completamente sem importância. O próprio caminho lhe dirá como trilhá-lo. Mas a senda precisa ser descoberta pelo próprio ser humano. Na vida espiritual o neófito precisa aprender claramente uma lição, que é a de saber que a palavra não é a coisa.

Apenas porque conhece a palavra, não quer dizer que descobriu a coisa representada pela palavra. A palavra é apenas um símbolo. Precisamos compreender aquilo que é transmitido pelo símbolo. Mas compreender não é clamar por mais ilustrações verbais; é, sim, descobrir o que está representado pela palavra. O descobrimento implica sempre uma percepção direta ou desvendada.

Se a senda foi descoberta pelo próprio neófito, então, percorrê-la não constituirá um problema difícil para ele. Como percorrer a senda, eis um segredo que cada um tem de descobrir por si mesmo. Não pode haver um padrão determinado para percorrer a senda. Um guru, um livro, um discurso podem dar somente indicações gerais de como trilhar a senda. Assim como a única resposta possível à pergunta: "Como se aprende a nadar?" É: "Mergulhando na água", assim também a única resposta cabível à pergunta "Como se aprende a palmilhar a senda"? É: "Palmilhando a senda". Por isso, *LUZ NO CAMINHO* dá-nos apenas algumas sugestões para percorrer a senda. Estas sugestões assemelham-se a sinaleiros: são dedos apontando o caminho. Tomá-las como algo mais que sinaleiros é iludir-se profundamente. Quais são os sinaleiros erguidos em *LUZ NO CAMINHO*, relativos ao trilhar da senda? São os três seguintes:

> **"Indaga à terra, ao ar e à água sobre os segredos que guardam para ti.**
> **Indaga aos Seres Sagrados da Terra sobre os segredos que guardam para ti.**
> **Indaga do Íntimo, do Uno, o segredo final, que ele guarda para ti ao longo das eras."**

Por que se pede ao neófito para fazer estas indagações? Como estas indagações revelarão o segredo para trilhar a senda? Pede-se ao neófito que "indague da terra, do ar e da água, os segredos que guardam" para ele. Ora, a terra, o ar e a água representam o mundo material. Terra, água e ar são os três estados da matéria física: sólido, líquido e gasoso. E assim, do peregrino espiritual se requer que primeiro indague do mundo material o segredo que ele lhe reserva.

Uma indagação só é possível, quando o neófito é completamente objetivo, não se identificando nem condenando o objetivo da inquirição. A fim de se empenhar em tal descoberta, devem cessar todas as reações pessoais do questionador. Mas como hão de cessar estas reações? Elas cessarão somente na medida em que o neófito observar as suas reações, mesmo as mais sutis, ao impacto do mundo material; que não fizer nenhum esforço consciente para alterá-las, pois tal esforço resultará somente numa modificação das reações. Mas não é apenas modificando suas reações às circunstâncias materiais que se pode achar o segredo que a terra, o ar e a água guardam para o indivíduo. É o próprio centro da reação que precisa ser dissolvido, de forma a não haver nenhum ponto fixo da mente de onde emanem respostas. Enquanto a mente reagir de certos centros fixos, não haverá lugar para a indagação objetiva e impessoal.

A fim de dissolver os centros de reação, o neófito precisa observar todo o processo das reações: como e por que surgem. Ele deve descobrir o quanto está ligado às coisas materiais os fenômenos do mundo físico – qual a atração do êxito, da fama, da posição e das posses materiais para ele; quais são os valores que ele empresta a estas coisas. Em outras palavras, ele deve observar suas reações, mesmo as mais sutis, e ver qual o grau de importância que ele atribui às coisas materiais da vida. Descobrir o grau próprio de importância relativa das coisas materiais é conhecer o segredo que a terra, a água e o ar guardam para o homem.

Depois o livro pede ao neófito que indague dos Santos Seres da Terra, os segredos que guardam para ele. Esta indagação é obviamente dirigida ao mundo psíquico ou suprafísico, tanto quanto a primeira foi dirigida ao mundo físico ou material. Os Santos Seres da Terra são os que possuem poderes suprafísicos.

Esta indagação é, portanto, para descobrir quanto anseia o neófito por poderes psíquicos, que valor ele lhes atribui. Abriga-se no neófito um desejo e um apego inconscientes a poderes e conquistas suprafísicas? Ele tende a emprestar às coisas invisíveis importância maior que a devida? A posse de poderes suprafísicos dá ao homem um sentimento de orgulho, um sentimento de superioridade. E assim indagar dos Santos Seres da Terra, é vigiar suas reações aos fenômenos psíquicos e aos poderes suprafísicos. Conhecer os segredos que guardam para o ser humano é descobrir-lhes o grau próprio de importância. Mesmo quando um ser humano dominou seus desejos por posses materiais, nele subsiste o desejo por posses psíquicas. Se tal desejo se abriga na mente do neófito, então seus movimentos na senda hão de ficar sobremodo tolhidos. Diz *LUZ NO CAMINHO*: "Grandes almas caem, mesmo estando no limiar da divindade". Indagar dos Santos Seres, é prevenir esta queda, decorrente do apego aos fenômenos psíquicos.

É bem óbvio que no trilhar da senda nós pararemos onde se fixarem nossos apegos. Alguns podem parar nas atrações materiais, outros podem parar nas atrações psíquicas. Aquele que não parar em qualquer destas atrações, estará preparado para receber o segredo final. É a tal peregrino que se dirige a seguinte instrução:

"Indaga do mais íntimo, do Uno, o segredo final que ele guarda para ti ao longo das eras."

Se o íntimo guarda o segredo final, então é óbvio que os outros dois – os mundos material e psíquico – têm somente segredos temporários, só comunicam valores passageiros. Se pudermos investigar, sem justificação nem condenação, os segredos dos mundos material e psíquico; se pudermos compreender seu grau de importância, então estaremos preparados para receber o segredo final do íntimo, o Uno.

Como indagar do íntimo o segredo que ele guarda através dos séculos? Quando virmos o falso como falso, então a Verdade nos será revelada. Mas ver o falso como falso, deve ser um processo de percepção direta de nossa parte. Declarar algo como falso por ouvir dizer ou pela autoridade de outros, é iludir-se. Neste particular a instrução do Senhor Buddha é muito precisa:

> "Não te guies meramente pelo ouvir dizer ou pela tradição, pelo que se herdou dos tempos antigos, pela fama, pelo simples raciocínio e dedução lógica, pelas aparências externas, pelas opiniões e especulações acalentadas pelas meras

> possibilidades, e não creias em mim apenas porque sou o teu Mestre. Mas quando tu mesmo vires que uma coisa é má e conduz a prejuízos e sofrimentos, então deves rejeitá-la".

E, assim, o neófito deve ver por si mesmo o falso como falso e, quando o fizer, estará apto a ver o verdadeiro e o real. Se pudermos compreender – descobrir por nós mesmos – a falsidade dos valores materiais e psíquicos, estaremos preparados para receber o segredo final. Mas ver o falso como falso tem de ser um processo constante, senão há o perigo de se cair logo na soleira da porta. Ver o falso como falso é um processo no qual o discernimento e a ausência de desejos se manifestam como um fenômeno conjugado. É este fenômeno conjugado de discernimento e ausência de desejos, que é a real percepção. Enquanto a mente for movida pelos desejos, não pode haver percepção, e os desejos se dissipam apenas quando o falso é visto como falso. Ver e apagar o falso constituem um processo simultâneo. Não há intervalo entre os dois. Se houver um intervalo entre a visão e a rejeição, então o falso reaparecerá, sob nova forma, para solicitar a atenção do neófito. É no processo simultâneo do discernimento e da ausência de desejos – no momento da percepção – que o segredo final será comunicado.

Mas o que significa um segredo final? Está ele fixo e estático de modo que, uma vez desvendado, o neófito possa apegar-se a ele, ajustando sua vida de conformidade com ele? Não pode ser assim, pois o conceito estático de um segredo final é inteiramente incompatível com a natureza dinâmica e fluente da vida. A finalidade do segredo é referente a cada situação. E assim, paradoxalmente, o segredo final tem de ser descoberto, de momento em momento, dado que cada momento traz uma nova situação psicológica. Conhecer o segredo final é compreender qual é a ação correta em cada momento. O mais íntimo, o Uno, nos revelará este segredo, quando nós lhe perguntarmos e, à luz deste segredo, seremos capazes de perceber qual é a ação certa com referência a um problema ou a uma situação.

As três indagações indicadas nestes aforismos se referem aos reinos físico, psíquico e espiritual. Instruído sobre o segredo final, o neófito pode agora trilhar com segurança a senda, pois não correrá nenhum perigo. O segredo final o capacitará a percorrer a senda com uma humilde confiança. Há uma confiança nele, porque o segredo final lhe foi comunicado, mas há também uma humildade, pois ele sabe que pode perder a visão, se se afastar do ponto de percepção. É o fio da navalha que torna o neófito humilde, mas a confiança para andar por esta senda estreita como o fio de uma navalha foi por ele alcançada, por lhe ter sido comunicado o segredo final.

Certamente, é verdade que aquele que compreender o segredo final, percorre a senda, com humilde confiança. Nos aforismos seguintes, capacitamo-nos a compreender as implicações da humilde confiança em relação ao palmilhar da senda.

Capítulo IX

O caminho do meio

O homem está sempre à procura do propósito e significado da vida. Não lhe satisfaz um mero flutuar na corrente da vida. Ele procura afirmar sua vontade pessoal e, por isso, entra em conflito com a vontade da Natureza ou Vontade Cósmica. Mas este conflito também o cansa, mantém-no acorrentado ao processo da continuidade, que a mente humana guarda zelosamente. Quando lhe faltam a submissão e ele resiste à vontade da Natureza, então advém uma pausa na sua vida. Inicia-se aí sua verdadeira investigação do problema da vida. Ele quer compreender o propósito e o significado de todo o processo da vida. Anseia conhecer o segredo que o mundo possa estar reservando para ele. Começa então para ele o período de tormenta e solidão. Nada vê à sua frente a não ser uma densa escuridão. Não encontrando meio de fugir, nem vendo nenhuma alternativa, queda-se quieto ante o grande desconhecido. Nesta quietude ou submissão, ele descobre a senda. Ele é tomado por uma nova visão e está agora preparado para palmilhar a senda que descobriu.

Mas ao percorrer a senda, ele acha necessário verificar constantemente seu rumo, porque o mar da vida não está cartografado, e são tais as atrações sutis dos mundos físico e psíquico, que ele sente que ainda se desviará de seu caminho muitas vezes. palmilhar a senda demanda o domínio da técnica e uma visão do rumo. O domínio da técnica requer um esforço positivo, porém a visão do rumo exige total negatividade do neófito. Assim, para palmilhar a senda, o negativo e o positivo devem coexistir, a ação e a inação devem permanecer misteriosamente juntas. O neófito deve saber distinguir entre o Combatente e o Guerreiro e estar preparado para representar o papel de um Combatente, executando as ordens do Guerreiro. Ao percorrer a senda, ele deve conhecer as relações corretas entre as várias partes do ambiente subjetivo e objetivo. Mas as partes não podem correlacionar-se perfeitamente enquanto o todo não for compreendido. O neófito precisa, portanto, escutar a melodia da vida e dela aprender a lição de harmonia. O êxito na senda depende inteiramente da harmonia ou correlação perfeita das partes. Estabelecer harmonia é saber qual é a ação correta no meio das situações psicológicas sempre mutáveis. E é somente na medida em que o homem escuta as inspirações de seu coração e responde ao murmúrio da Alma, que ele percebe qual é a ação certa em cada momento.

Mas o neófito só será capaz de escutar as inspirações do coração quando ele não for distraído para cá e para lá, pelas sutis ansiedades da mente. Se as atrações dos mundos físico e psíquico o detêm na senda, então será ele mais uma vez desviado para veredas paralelas. Perderá sua direção e ficará sujeito a cair mesmo no limiar. Ele não pode afastar-se das coisas e dos acontecimentos dos mundos físico e psíquico; na realidade, ele tem que palmilhar a senda por entre os tumultos e barulhos destes dois mundos. Mas se conhece os graus de significação das coisas e dos acontecimentos destes dois reinos, então ele permanecerá puro e incontaminado. Vivendo no mundo, não será parte dele, como a pétala do Lótus não é afetada pela água em que se encontra. A uma mente assim pura e incontaminada, as inspirações do coração transmitirão o segredo final do propósito e significado da vida.

Os aforismos precedentes revelaram ao homem uma verdade preciosa, isto é, que é somente tendo o descobrimento por escopo imutável que o homem pode palmilhar a senda. Se não existir tal intuito mesmo por um momento, perderá então o neófito o seu caminho e será desviado pelas seduções dos mundos físico e psíquico.

O que significa manter o descobrimento como intenção imutável? Quais as suas implicações em relação ao trilhar da senda? Os três aforismos comentados no último capítulo indicam este escopo imutável de descobrimento. Ter o descobrimento por intuito é ficar em atitude de constante indagação – numa condição de receptividade. A atitude investigadora se desvanece, quando o homem dá uma importância indevida às coisas e aos acontecimentos dos mundos físico e psíquico. A importância indevida implica um processo de identificação ou de condenação. Apenas quando se dá a devida importância aos eventos e incidentes destes dois reinos, é que pode ser comunicado ao peregrino espiritual o segredo final do palmilhar da senda.

Mas o que se entende por importância devida e qual é o grau correto de sua significância? Há uma significância ou importância projetada pela mente. Isso não é certamente o que se entende por importância devida aos eventos e acontecimentos. É somente quando toma como real a significância projetada pela mente, que o homem é tolhido por uma ilusão. Libertar-se da ilusão não é rejeitar o mundo, mas compreender a sua importância devida ou real. Compreender a verdadeira importância das coisas e dos acontecimentos é vê-los como são, em perfeita objetividade e não deformados pela mente. Se o peregrino espiritual vê as coisas e os acontecimentos tais como são, então ele adotará padrões apropriados de ação e comportamento para cada momento.

Mas a questão é: Na precipitação e pressa da vida diária ser-nos-á possível desenvolver padrões apropriados de ação? Não irá o estabelecimento de padrões apropriados interromper o próprio processo de viver? É possível desenvolver normas de ação apropriadas, desde que a mente seja flexível, sensitiva, preparada para tomar a forma que o impulso de vida desejar que ela tome. E a mente permanecerá flexível, enquanto persistir a sua pesquisa no "Que" e "Por que" dos valores físicos e psíquicos. Com referência a todos os acontecimentos e ocorrências dos mundos físico e psíquico, se o neófito indaga que valores estabeleceu e por que lhes atribuiu tais valores, então não sobrará tempo à mente para deter-se num ponto fixo. É através deste constante questionamento dos valores feito pela mente, que surgirá uma sensibilidade para apreender as coisas tais quais são. E compreender as coisas tais quais são é descobrir o valor intrínseco e justo de cada coisa. Desta percepção de valores, virá um natural e espontâneo estabelecimento de normas de ação apropriadas. De fato, será totalmente inconsciente empenhar-se em modelar formas apropriadas sem compreender os valores reais e intrínsecos das coisas e dos acontecimentos.

Ora, conhecer os valores intrínsecos de coisas e acontecimentos é ter senso de proporção. É dando falsos valores aos fenômenos materiais e psíquicos que o homem perde o senso de proporção. E ter a cada momento um senso de proporção é conhecer o segredo final. É tão só com um senso de proporção que se pode palmilhar a senda. É a esta humilde confiança, que se fez referência no último capítulo. Usualmente, ao abordarmos os assuntos físicos e psíquicos, demonstramos ou a vulgaridade oriunda da superconfiança ou a timidez gerada pela dúvida e ignorância. Evitar o desatino da vulgaridade de um lado e a timidez do outro, é manter um perfeito senso de proporção.

Um homem com espiritualidade é aquele que possui perfeito senso de proporção, senso de reta perspectiva. Ele não superestima, nem subestima o valor de qualquer coisa. Percebe o exato valor de todas as coisas, porque está bem equilibrado. Ele é o que o *Bhagavad-Gitā* descreve como *yukta*: equilibrado ou harmonizado. É quando a mente está bem equilibrada que há perfeita flexibilidade – uma perfeita prontidão para tomar qualquer forma que o impulso de vida deseje que ela tome. Tal flexibilidade é o terreno de onde nascem padrões apropriados de ação.

Mas este equilíbrio mental é difícil de manter. Quando tentamos mantê-lo, já o perdemos! E quando não o mantemos, também já o perdemos! Uma mente equilibrada é tão delicadamente balanceada que exige atenta vigilância por parte do neófito. Há uma linha de demarcação muito tênue entre o próprio e o impróprio. O que pode ser próprio numa ocasião, pode parecer totalmente impróprio em outra. E assim, não se pode criar nenhum modelo ou ideal para o apropriado. Ele tem que ser descoberto a cada instante. Senso de proporção não é algo que se possa formular de antemão. Não é uma norma de ação; é a fonte da ação. E a fonte é tão intangível que quando alguém sente que a alcançou, ela já se esvaiu!

A condição de equilíbrio é a mais incômoda para a mente, pois esta não encontra ali ponto onde se firmar: é devido a isso que a mente invariavelmente salta de um extremo ao outro. É fácil à mente seguir a senda dos extremos.

Os dois extremos da mente são o hábito e o ideal. O hábito é o caminho da indulgência, de fazer o que se está acostumado a fazer; ao passo que o ideal é a senda da negação, às vezes mesmo da mortificação. Ao seguir um ideal, a mente tem que se afastar de seus hábitos costumeiros. Tem que praticar a negação agora a fim de poder conseguir seu objetivo no futuro. Assim, indulgência e negação são os dois extremos seguidos pela mente. Não sabe o que é estar equilibrada entre esses dois extremos, porque entre a indulgência e a negação não encontra espaço onde possa estabelecer seu hábitat. Se refrear o hábito, ela entra na esfera da negação, e se esquivar-se da negação, envereda pela senda da indulgência. Uma linha muito tênue demarca as esferas da indulgência e da negação. De fato, é uma linha que tem comprimento, porém sem largura. É óbvio que uma linha assim não pode ser definida, a sua posição não pode ser descrita, porque defini-la é atribuir-lhe uma largura. E no instante em que se atribua largura a esta linha, os dois extremos vêm à existência. A mente está perpetuamente presa a um jogo de opostos. Ela não encontra espaço algum entre os dois extremos, onde possa permanecer e enfrentar os desafios da vida. Para a mente presa ao processo de opostos, parece totalmente impraticável permanecer entre os dois extremos. Sua prática normal parece ser saltar de um extremo a outro, de sorte que, se a indulgência tiver de cessar, terá de colocar-se no campo da negação.

Um dos traços mais comuns da mente com referência às relações humanas é mover-se entre os pontos da indiferença e da interferência. Ela desconhece o que seja interesse puro, pois, se ela se interessa por algo, isso interfere em sua liberdade, e se não for permitida a interferência, torna-se completamente indiferente para ela. A mente só conhece identificação e condenação. Não há um ponto médio, que a mente possa visualizar entre ambos. Interesse puro, onde não opera nem identificação, nem condenação, nem interferência ou indiferença, eis o que constitui a inquirição objetiva. Ela revela o grau apropriado da importância de cada coisa. Interesse puro é uma condição de estabilidade, de equilíbrio, de harmonia. E estar equilibrado é permanecer onde não existe nenhum espaço para a mente observar. É este equilíbrio que *LUZ NO CAMINHO* indica nos últimos três aforismos seguintes:

> **"Agarra com força aquilo que não tem substância nem existência.**
> **Escuta somente a voz que não tem som.**
> **Olha somente para o que é invisível tanto para os sentidos internos como para os externos."**

Ora, existência é aquilo que está manifestado; refere-se a alguma coisa que é concreta. Ao passo que substância é a ideia, o arquétipo; refere-se ao que é abstrato. Por isso, o primeiro destes aforismos diz: "Não te atenhas à coisa nem à ideia da coisa. Ao que há de ater-se alguém, se tanto o concreto como o abstrato estão postos de lado? A mente não pode visualizar nenhum estado que não seja concreto nem abstrato. É como se lhe fosse solicitado para permanecer onde não existe espaço. O concreto e o abstrato são, com efeito, os dois extremos: a mente salta de um para o outro.

E o que significa aferrar-se ao que não é concreto nem abstrato? Está explicado no aforismo seguinte: "Escuta somente a voz que não tem som". Como foi discutido na primeira parte do livro, isto se refere à percepção do intervalo existente entre dois sons. É pela percepção deste intervalo que descobrimos o ponto de equilíbrio, o ponto de perfeita estabilidade.

Esta ideia é depois explicada no terceiro e último aforismo, que diz: "Contempla o que é invisível tanto ao sentido interno como ao externo". Crê-se, às vezes, que o ser humano descobrirá o ponto de estabilidade, transferindo sua atenção dos planos visíveis para os invisíveis. Mas o ponto de equilíbrio não está nem nos planos invisíveis nem nos visíveis. Não é desenvolvendo clarividência ou clariaudiência que ele pode atingir a visão espiritual. O aforismo declara expressamente que se tem de contemplar o que é invisível tanto ao sentido interno como ao externo! O neófito é convidado a contemplar o que não é visível nem aos sentidos, nem à mente. É isso que a mente não pode compreender. Nem nos reinos da mente se pode apreender o segredo do palmilhar da senda.

A mente só conhece a senda dos extremos. Se lhe é negado o concreto, então ela se apega ao abstrato; se o visível deve ser rejeitado, ela se aferra ao invisível. É o movimento para os opostos que afasta o ser humano da senda. É na senda do meio que ele pode andar com passos firmes, porém humildes. Palmilhar a senda do meio é o segredo final transmitido ao neófito pelo "mais íntimo, o Uno".

É supérfluo dizer que a senda do meio não é um compromisso entre os dois extremos. Não se obtém o equilíbrio tomando um pouco de qualquer dos extremos. O Senhor Buddha exortou o peregrino espiritual a "evitar os extremos" – porém evitar os extremos não é manter um pouco de indulgência e um pouco de negação. Isso significa trilhar a senda do conforto e da conveniência. A senda de compromisso significa pular de um extremo ao outro – significa seguir a linha dos opostos. Andar na senda do meio é viver no presente intangível. Não é o presente cronológico e, sim, o psicológico. Isto, em realidade, é o Eterno. Viver no presente psicológico é viver no Eterno Agora. Não se deve confundir o Eterno com o duradouro. O duradouro é uma extensão infinita no tempo, porém o Eterno está além do tempo. O Eterno está onde não está o tempo. E o tempo faz uma parada no presente – não no presente cronológico, porém no presente psicológico.

Estar estabilizado, equilibrado, ou harmonizado é viver no presente. E o presente não é um compromisso entre o passado e o futuro. O passado e o futuro pertencem a um processo do tempo, porém o presente está fora do tempo. É uma dimensão outra que não aquela onde funcionam o passado e o futuro. Andar na senda do meio é estar equilibrado no momento presente. Quando o presente se torna a fonte de todas as ações, então a norma que emerge se equilibra e harmoniza perfeitamente com cada parte que ocupa seu justo lugar.

Andar na senda do meio é encontrar o segredo final de momento a momento. É final porque desvenda o mistério da vida em cada momento sucessivo. Só na senda do meio se opera o grande milagre, o milagre de uma mente aferrada àquilo que não tem existência nem substância. Nesta senda a mente está livre de todos os confinamentos psicológicos, dos puxões do passado e do futuro. E é só uma mente livre que pode trilhar a senda, porque somente ela pode tornar-se um instrumento para a expressão do impulso da vida.

Viver no presente, eis em verdade, o segredo do trilhar a senda. É aqui que o peregrino espiritual compreende que o descobrimento da senda e o trilhar a senda constituem um fenômeno conjugado – não separado por um intervalo de tempo. Quando o descobrimento e o trilhar da senda se tornam um fenômeno conjugado, então não mais existe o problema de disciplina. De fato, o ser humano se torna o lugar de conciliação do grande paradoxo espiritual; Liberdade dentro da Disciplina.

Informações sobre Teosofia e o Caminho Espiritual podem ser obtidas na Sociedade Teosófica no Brasil, no seguinte endereço: SGAS - Quadra 603, Conj. E, s/nº, CEP 70.200-630 Brasília, DF. O telefone é (61) 3226-0662. Também podem ser feitos contatos pelo telefax (61) 3226-3703 ou e-mail: st@sociedadeteosofica.org.br - www.sociedadeteosofica.org.br.